52주 구역공과 시리즈 개역개정판

NEW 아름다운 구역

예수사랑

"내게 줄로 재어 준 구역은
아름다운 곳에 있음이여
나의 기업이
실로 아름답도다"
(시16:6)

◈ 추천사 ◈

우리가 고심하던 문제를 해결

먼저 하나님께 영광을 돌립니다.

한국 교회가 세계 교회의 관심의 대상이 되게 하신 하나님께 감사를 드립니다. 이제 한국 교회는 외적으로 뿐 아니라 내적으로도 양적인 성장과 함께 질적인 성장이 요구되고 있습니다. 그래서 한국 교회가 성경공부에 많은 관심을 쏟고 있는 것은 퍽 다행한 일이라고 생각됩니다.

그런데 문제는, 성경공부를 위한 교재입니다. 물론 외국의 교재를 번역해 출판한 것이 있기는 하지만, 이것은 어디엔가 우리에게 어색한 데가 있는 것이 사실입니다. 그리고 한국 교회의 성경교재도 있으나 그렇게 흡족하지 않아, 교회마다 성경을 체계 있게 공부하는 데 사용할 교재가 마땅치 않아 고심하고 있는 현실입니다. 이런 현실적인 문제를 해결해 줄 수 있는 성경공부(구역공과) 교재가 나오게 된 것을 퍽 다행스럽게 생각합니다.

『아름다운 구역』은 그동안 우리가 고심하던 문제를 해결해 주는 재료가 될줄로 믿습니다. 구역의 식구들이 모여서 다 참여할 수 있도록 마련된 성경공부 교재입니다. 힘들지 않고 쉽게, 지루하지 않고 재미있게 준비된 것이므로 거부감 없이 성경공부에 참여할 수 있을 것입니다.

교회 안의 구역에서의 필요성으로부터 시작하여 그리스도인의 생활, 청지기, 전도, 기도, 말씀, 섬김, 그리고 절기론까지 우리가 세상에 살면서 그리스도인으로서 꼭 알고 지켜야 할 것들을 다루고 있습니다.

『아름다운 구역』은 한국 교회의 성장에 크게 기여하리라 믿습니다. 더구나 이 구역공과는 교회에서 실제로 교재로 사용할 때에 성도들의 반응이 너무 좋아서, 이 승리의 기쁨을 여러분과 함께 나누기 위해서 자료로 내놓은 것입니다.

저는 기쁜 마음으로 확신을 가지고 『도서출판 예수사랑』의 역작 『아름다운 구역』을 여러분에게 추천하는 바입니다. 한국 교회에 큰 축복이 될 줄로 믿습니다.

갈보리교회 원로목사 박 조 준 목사

◈ 추천사 ◈

읽기만 해도 은혜가 되는 구역공과

이번 『도서출판 예수사랑』에서 출간하는 구역공과를 추천함에 있어서 몇 가지 중요한 점을 발견하고 기뻐하는 바이다.

공과에 있어서, 교회는 특수계층만을 위한 공동체가 아니라서, 어떤 부류의 사람들도 쉽게 공감하고 터득할 수 있는 진리이어야 하는 평범한 비범성이 필수 요소이다.

이 책은 목회현장에서 구역 활성화에 귀한 몫을 담당하는 실제 내용이라는 장점이 있어서 쉬운 구어체로서 읽기만 해도 은혜가 되고, 복잡하지 않은 구성 가운데 핵심 성구를 찾아볼 수 있고, 삶을 나누는 적용면과 구역의 전도 부흥면을 강조함으로써 구역의 소목회자 의식을 심는 데 적합한 면이 있다.

무엇보다도 성경의 바른 해석, 곧 교회적 정통 성경 해석면에 오류가 발견되지 않는다는 점에서 자신 있게 전국 교회에 소개하는 바이다.

성수교회 담임 김 재 규 목사

◈ 머리말 ◈

"교회부흥은 구역부흥으로 이루어진다"는 말이 있다. 그만큼 구역의 활성화는 중요하다. 오늘날 많은 교회에서 구역예배의 활성화를 위해 많은 노력을 기울이고 있는 것이 사실이다. 이러한 현실에서 그동안 구역의 활성화를 위해 고심을 해 온 것을, 여러 가지 방안들을 연구하고 실제로 적용하며 실천해 보았다. 그런데 구역 활성화에 있어서 가장 문제점으로 대두되는 것 중의 하나가 구역공과에 있음을 발견하였다.

오늘날 대부분의 교단 구역공과나 기타 공과들은 설교식으로 되어 있다. 구역강사가 구역공과의 내용을 배워서 연구하여, 자기 구역에 가서 또 다시 설교를 하게 되어 있다. 하지만 대부분의 구역강사들이 구역설교를 인도하고 있기는 하지만, 구역원을 변화시킬 만큼 설교에 감동을 줄 수 없다는 데에 문제가 있다고 하겠다.

이에 대한 문제점을 발견한 목회자들이 요즘은 많은 교회에서 실시하는 제자훈련 방식이나 Q.T 방식을 도입한 구역교안을 자체 제작하여 사용하기도 한다.

하지만 동일한 방법으로 시행해 본 결과, 이것은 그 방법 면에서는 좋다고 하겠으나 몇몇 소수의 사람을 제외한 대부분의 구역원들이 미리 구역공부의 준비를 해 오지 못하고 있으며, 준비를 못해 온 구역원들은 소외감과 함께 이것이 반복될 때에 또 다른 문제점을 야기시키고 있다는 반응이 사실이다.

이러한 점에 착안하여, 이 두 가지 방법의 장점은 살리고 단점을 보완하여 몇 년 전부터 새로운 구역공과를 자체 개발하여 시험적으로 구역예배를 인도하도록 하였던 바, 구역강사가 인도하기 쉬우며 모든 구역원들도 쉽게 접근하여 은혜를 받고 좋아하는 모습을 발견하게 되었다.

이러한 경험을 전해 들은 주변의 여러 목회자들이 같은 공감을 가지고 새로운 구역공과로 출판하여 함께 사용할 수 있도록 해 달라고 여러 번 요청하므로, 용기를 얻어 출판에 임하게 되었으며 수 년간의 자료 중에서 우선적으로 정리된 것으로 출판하게 된 것이다.

이번에 출판하는 본 구역공과는 이미 한국 교회에서 호평받았던 것으로, 예화와 본문내용을 더욱 다듬고 업그레이드하여 출판하게 된 것이다. 본 구역공과를 통해서 한국 교회 구역예배의 활성화에 조금이라도 도움이 된다면 더할 나위 없는 보람으로 여기겠으며, 출판까지 인도해 주신 주님께 모든 영광을 돌립니다.

도서출판 예수사랑 편집부

◈ 교재의 활용방법 ◈

1. 본 구역공과는 매주마다 한 과씩 1년 동안 활용할 수 있도록 편집되었습니다.
2. 본 구역공과는 설교식으로 한 사람이 진행하는 것이 아니라, 전 구역원이 구역예배에 모두 참석하여 한 사람씩 돌아가면서 성경을 찾아 읽으면서 그 말씀을 확인해 가는 방법으로 되어 있습니다. 그러므로 가능한 대로 본 교재를 전 구역원 각자가 지참하도록 하는 것이 좋겠습니다.
3. 본 구역공과를 사용하기 위해서는 각 구역에 1명씩의 구역강사를 필요로 합니다. 구역강사는 미리 본 공과의 주요 내용을 담임 목회자를 통해서 충분히 숙지한 후, 구역예배에서 구역원들이 한 대지씩 읽은 다음에 구역공과의 주요 내용을 부연하여 강조하며 설명하는 식으로 진행하는 것이 효과적입니다. 그리고 공과내용을 읽고 설명한 다음에는 또다시 "그럼 성경을 찾아봅시다"라고 하며 성경을 찾아 읽고 그 말씀의 핵심 진리를 가지고 재차 강조하여 진행한다면 구역원들이 말씀을 확인하면서 은혜를 받고, 또다시 설명을 들을 때 큰 은혜를 받게 될 것입니다.
4. 기타 구역예배의 순서나 찬송, 친교, 기도회 등의 구역인도 요령은 기존에 하던 방법 그대로 보완하여 진행하면 될 것입니다.

Contents

Ⅲ. 청지기론

Ⅳ. 전도론

Ⅴ. 기도론

Ⅵ. 말씀론

Ⅶ. 섬김론

Ⅷ. 절기론

제1과

아름다운 구역

● 본문 : 시 16:6 (p.811)
● 찬송 : 456(통509), 445(통502), 428(통488)

◇

할렐루야! 전도합시다!

예화

5년 만의 깡통

세계 복권 사상 최고액인 약 3천억원짜리 복권에 당첨되었던 미국인 사업가 잭 휘태커 씨는 지난 2003년 1월에 전 세계의 모든 사람들의 선망의 대상이 되었던 사람입니다. 사람들은 그를 행운의 사나이로 불렀습니다. 하지만, 5년이 지난 후에 그의 행적을 조사해 본 미국 언론들은 그가 완전히 빈털털이로 전락해 있었다고 보도했습니다. 5년 후의 그의 모습은 부도수표 발행과 관련하여 기소상태였으며, 사기사건에도 연루되어 있었고, 음주혐의로 체포되었고, 도박에 빠져 있었으며, 스트립 쇼 클럽에 주차되어 있던 스포츠카에서 현금과 수표 등 54만 5천 달러가 든 가방을 도난당하는 사건이 발생했고, 집에서는 18세된 손녀딸의 남자 친구가 침입한 강도에 의해

피살되기도 했습니다. 이런 그의 모습을 보면서, 미국 국민들은 "한 순간에 굴러들어온 일확천금이 과연 행운인지 아니면 재앙인지는 두고 보아야 안다"는 반응이었습니다.

참된 성공은 하루 아침에 일확천금으로 이루어지는 것보다 정상적인 방법을 통해서 이루질 때, 비로소 아름다운 성공으로 우뚝 섭니다. 하나님의 축복은 일확천금의 도깨비 방망이가 아닙니다. 세월이 흘러가면서 점점 쌓여가는 놀라운 축복을 누립니다. 금년 한 해는 우리 가정, 구역식구 모두가 이러한 축복을 누리는 한 해가 되도록 합시다.

그렇다면, 금년 한 해를 통해서 아름다운 구역이 되기 위해서 앞으로 어떻게 해야 할 것인지, 함께 그 실천방안을 생각해 보도록 합시다.

1. 모이기를 힘쓰는 구역

아름다운 구역을 이루기 위해서는 아름다움을 지켜야만 합니다. 그것은 구역원이 모이기를 힘쓸 때 가능합니다. 구역원이 함께 모였을 때 하나님께서는 역사하십니다. 성경에서는 함께 모였을 때 어떠한 사건이 있었는지, 다음을 읽고 생각해 봅시다.

☞ 사도행전 4장 31절을 읽으세요(P.193).

☞ 마태복음 18장 20절을 읽으세요(P.30).

2. 신앙적 언어생활을 하는 구역

교회의 구역은 일반 사회집단과 달라서 하나님의 백성들이 함께 모이는 곳입니다. 그래서 특별히 언어생활을 신앙적으로 해야 함은 당연한 것입니다. '구역장님!', '구역인도자님!', '집사님!', '권찰님!', '성도님!' 등으로 언어를 바꿔야 하며, 항상 공손히 경어를 사용해야 아름다운 구역이 됩니다.

다음 성경을 찾아 읽고 생각해 봅시다.

☞ 로마서 10장 10절을 읽으세요(P.254). ____________________

____

☞ 에베소서 4장 29절을 읽으세요(P.314). ____________________

____

☞ 에베소서 5장 3~4절을 읽으세요(P.315). ____________________

____

3. 부흥하는 구역

하나님의 백성이 많아지는 것은 아름다운 것 중의 가장 아름다운 것입니다. 뿐만 아니라 구역예배에서 구역이 부흥하는 것이야말로 가장 아름다운 것이 아니고 무엇이겠습니까?

엘리사는 엘리야에게 갑절의 영감을 구했고, 욥 또한 갑절의 축복을 받았습니다. 그러므로 우리 구역들도 갑절의 부흥을 위해 기도하여 금년 한 해 동안 두 구역 이상으로 분구역 되는 기쁨과 보람을 갖도록 합시다.

☞ 사도행전 1장 8절을 읽으세요(P.187). ____________________

____

☞ 디모데후서 4장 2절을 읽으세요(P.346). ____________________

____

4. 관리를 잘 하는 구역

사람이 자기관리를 어떻게 하느냐에 따라 그 사람의 아름다움이 보존되는 것 같이, 구역은 구역관리를 어떻게 하느냐에 따라 그 아름다움이 좌우됩니다. 우리는 구역예배에 대해 일주일에 한번 단순히 모였다가 헤어지는 것으로 그 사명을 다했다고 여길 것이 아닙니다. 구역원 한 사람 한 사람이 구역의 구성원으로서 서로서로 유기적으로 자신의 구역이 아름다워지기 위해서 힘써야겠습니다.

다음을 읽고, 우리 구역을 주님 앞에서 어떤 자세로 관리해야 할 것인지 말해 봅시다.

☞ 마태복음 25장 19~21절을 읽으세요(P.44). ____________________

____

나눔의 시간

1. 오늘의 공부를 통해서 느낀 점을 말해 봅시다.

2. 우리 구역이 금년에 아름다운 구역, 특징적인 구역, 다른 구역보다 모범적인 구역이 되기 위해 실천해야 할 사항을 말해 봅시다.

제2과
모이기를 힘쓰는 구역

● 본문 : 행2:42~47(P.190)
● 찬송 : 212(통347), 383(통433), 401(통457)

할렐루야! 전도합시다!

예화

워싱턴판 대장금

세계적인 급식회사들의 꿈인 미국의 백악관 직원식당 운영권을 1999년 한국인이 설립한 I. L. Creations이라는 회사가 2007년도에 따냈습니다. 사업을 시작한 지 8년 만에 이룬 쾌거로서 사람들은 그를 워싱턴판 대장금이라 부릅니다. 사실 백악관 직원식당은 대통령 비서실장 이하 직원 2천명이 매일 이용하는 어마어마한 규모의 식당입니다. I. L. Creations사의 대표 최정범 집사는 "워낙 유명한 메리엇, 콤파스 등과 같은 기업들과 경쟁이 붙어서 자신이 없었지만, 하나님의 은혜로 상상할 수 없는 일이 일어났습니다"라고 고백했습니다.

그의 축복에 대해서 어떤 분이 이렇게 말했습니다. "그분은 대단한 믿음의 사람이예요. 오직 주님 밖에 몰라요. 그의 꿈은 8년 후에 그의 사업을 뉴욕 증시에 상장하는 것이고, 나중에는 중국, 아프리카와 같은 오지에 가서 학교를 세우고 선교사업을 하는 것이랍니다. 그는 바쁜 중에도 신앙생활에 힘쓰며, 미래의 선교사업을 위해서 신학공부까지 하고 있답니다."

하나님께서는 믿음의 사람을 통해서 역사하십니다. 주일성수에 힘쓰고, 각종 신앙모임에 모이기를 힘쓰는 사람을 통해서 역사하십니다. 오늘날 우리도 모이기를 힘쓰는 구역, 모이기를 힘쓰는 교회가 되도록 해서 하나님의 능력과 축복을 체험해 보도록 합시다.

그렇다면, 모이기를 힘쓰기 위해서 우리가 어떻게 해야 할지 생각해 봅시다.

1. 우선순위를 구역예배에 두자

Lady first(레이디 퍼스트)라는 말이 있습니다. 어떠한 상황에서도 여성들은 우선순위가 된다는 말입니다. 그러나 우리 신앙인은 Worship first(워십 퍼스트), 즉 신앙이 우리 생활에 최우선이 되어야만 합니다. 어떤 상황에서도 먼저 구역예배가 우선순위가 되어야 할 것입니다. 성경에서도 예배의 귀중성을 말하고 있습니다.

다음을 읽고, 말씀의 의미를 생각해 봅시다.

☞ 로마서 12장 1절을 읽으세요(P.257). ______________________

____

2. 자기 구역을 사랑해야 한다

사람은 자기가 사랑하는 곳에 관심을 갖게 됩니다. 관심을 가지고 자기의 사랑하는 모든 것을 살펴보듯이, 우리는 우리의 깊은 곳에서부터 흘러나오는 관심과 애착심을 가지고 구역을 사랑하며 돌보아야 합니다. 사실 자기 구역 사랑은 구역의 구성원에 대한 사랑으로 이어지는 법입니다. 구역원 한 사람 한사람이 자기 구역에 대해 사랑하는 마음을 가질 때, 그 구역은 아름다운 구역, 모이기를 힘쓰는 구역이 될 것입니다.

다음을 찾아 읽어 봅시다.

☞ 베드로전서 1장 22절을 읽으세요(P.379). ________________

____

3. 구역에 대한 자부심이 있어야 한다

신앙의 긍정적인 사고방식(Positive Mental Attitude)의 첫째 조건이 자부심의 문제입니다. 자신이 소속된 처소에 대해서 자부심이 없는 인생은 향기를 잃어버린 꽃과 같습니다. 자부심의 정도에 따라 승패는 좌우될 것입니다. 구역부흥의 열쇠는 우리 구역이 최고로 좋은 구역이라는 자부심에서 출발합니다.

4. 화목한 친교가 이루어져야 한다

구역모임의 기본 적인 전제조건이 화목한 친교입니다. 분위기가 화목한 구역은 모임의 활성화가 이루어질 것입니다. 화목한 친교라 함은 그리스도 안에서 건전하게 행해지는 것입니다. 초대 교회의 모범적인 화목한 친교야 말로 모이기를 힘쓸 수 있는 모토입니다.

☞ 사도행전 2장 42~47절을 읽으세요(P.190).

5. 서로 존경하는 마음으로 하는 선의의 경쟁심이 있어야 한다

신앙생활은 경주하는 것과 같습니다. 참된 경주를 하는 자는 선의의 경쟁이 밑받침이 되어야 합니다. 구역부흥도 타구역을 존경하는 마음과 함께 선의의 경쟁에 힘쓰는 마음이 있을 때에 더욱 잘 이루어질 것입니다.

다음을 읽고, 말씀을 생각해 봅시다.

☞ 로마서 12장 10~11절을 읽으세요(P.257).

6. 자신감 있는 신앙의 결단이 있어야 한다

어떠한 두려움과 핍박과 악조건이 임한다고 할지라도 모이기를 그치지 않겠다는 신앙의 자신감 있는 결단이 있어야 합니다. 믿음으로 도전하려는 자신감 넘치는 신앙생활의 결단이야말로 아름다운 구역에 있어서 모이기를 힘쓰는 운동을 만들어 낼 것입니다.

☞ 에스더 4장 16절을 읽으세요(P.754).

☞ 다니엘 3장 17~18절을 읽으세요(P.1237).

나눔의 시간

1. 오늘의 공부를 통해서 느낀 점을 말해 봅시다.

2. 구역예배에 모이는 것을 방해하는 요소를 말해 보고, 해결점을 찾아봅시다.

제3과

아름다운 구역과 언어생활

● 본문 : 엡 5:19(P.316)
● 찬송 : 89(통89), 95(통82), 428(통488)

◈

할렐루야! 전도합시다!

예화

마이클 혼다 의원

1997년부터 10년 동안 6차례나 미국 하원에 제출되었던 '종군위안부 결의안'은 일본의 강력한 로비에 밀려서 전체회의에 상정되지 못했었습니다. 하지만, 일본계 3세인 마이클 혼다 의원을 통해 재상정된 '위안부 결의안'이 2007년 7월에 하원의원 435명의 단장일치로 채택되었습니다. 이 모습을 지켜보고 있던 위안부 피해자였던 이용수 할머니는 결의안 통과를 위해서 애쓴 분들에게 감사드린다면서, "이제 한이 풀렸어요. 내 한을 풀어주신 하나님 감사합니다"라고 했습니다. 결의안을 발의했던 혼다 의원은 하원 동아태소위에서 증언해 준 이용수 할머니의 용기에 경의를 표한다면서 이런 말을 했습니다. "역사적 과오에 대한 화해의 첫걸음은 상처의 치유입니다. 일본정부는 위안부의 고통에 대해 명백하게 공식사과해야 합니다."

사람들이 서로의 오해와 갈등, 증오를 벗어나는 길은 잘못했을 때 솔직이 자신의 잘못을 인정하는 진실한 마음에서부터 우러나오는 화해의 언어를 사용하려는 노력에서부터 시작됩니다. 언어는 인간의 내면세계의 외면적인 표현입니다. 신앙인의 언어는 그 속에 화해와 감사, 따뜻함이 배어 있는 신앙이 중요합니다. 따뜻한 믿음의 언어생활은 아름다운 교회생활과 사회생활 그리고 아름다운 구역생활을 창출해 냅니다.

1. 다른 사람을 배려하는 언어생활을 하자

사람들의 갈등은 다른 사람을 전혀 배려하지 않고 오직 자기중심주의적인 언어에서 출발합니다. 내가 하려는 말이 내 입술 밖으로 나가기 전에, 이 말을 할 때에 저 사람에게 어떤 영향을 미칠 것인지를 한번 생각해 보고 말하는 훈련을 하도록 합시다. 남을 배려하는 마음에서 나오는 언어생활은 하나님을 공경하는 참된 신앙의 언어이며, 사람의 영혼을 살릴 수 있는 영적인 언어이고, 갈등과 오해를 치유하는 따뜻한 믿음의 언어이요, 교회와 구역을 부흥시키는 아름다운 언어입니다.

다음을 읽고, 룻을 감동시킨 보아스의 말이 어떤 것인지 알아봅시다.

☞ 룻기 2장 11-13절을 읽으세요(P.404). ______________________

____

2. 입술로 감사의 생활을 하자

하나님의 언어에는 불평, 낙망의 언어가 없습니다. 현재의 생활은 고난 같으나 결과를 살펴보면 반드시 감사의 조건이 됩니다. 좋은 일이나 나쁜 일에 먼저 "하나님 감사합니다"라는 말을 하는 사람은 하나님의 섭리를 인정하는 자요, 모든 것이 합력하여 선을 이룰 것을 확신하는 신앙인입니다. 감사는 천국의 언어입니다.

다음 말씀을 읽고, 그 의미를 생각해 봅시다.

☞ 데살로니가전서 5장 18절을 읽으세요(P.333). ____________________

____

☞ 로마서 8장 28절을 읽으세요(P.251). ____________________________

____

3. 긍정적인 말을 하자

사람은 말을 통하여 인생이 좌우됩니다. 긍정적인 말을 사용하는 사람은 그 말의 지배를 받아 그에 따라 행동을 하게 됩니다. 자기 구역 활성화를 위하여 "우리 구역은 배가 부흥할 수 있다"는 등의 부흥에 관한 긍정적인 말로 서로를 위로하며 격려하십시오.

다음을 읽고, 말씀의 의미를 생각해 봅시다.

☞ 잠언 18장 20~21절을 읽으세요(P.929). ____________________

____

4. "아멘" 하는 생활을 하자

아멘이란 "진실로 그렇게 되길 원합니다" 혹은 "그렇습니다"라는 말로 어떠한 말에 화답하는 말입니다. 각 구역들이 말씀을 듣고, 읽고, 아멘하며, 찬양을 드리고, 기도를 드리며, 모든 생활에 '아멘 생활' 을 합시다. 그렇게 할 때에 성령충만함을 받고, 은혜가 임하고, 마귀가 떠나는 역사가 있으며, 하나님께서 영광을 받으십니다.

☞ 고린도후서 1장 18~20절을 읽으세요(P.287).

5. 자랑을 잘하자

신자는 3가지 자랑을 잘해야 한다고 했습니다. 예수님 자랑, 목회 자랑, 교회 자랑이 그것입니다. 이런 교회는 나날이 부흥하고 발전한다고 합니다. 우리는 여기에다가 하나 더 첨가할 것이 있습니다. 그것은 자기 구역에 대한 자랑입니다. 자기 구역에 대한 자부심과 자랑할 수 있는 마음의 소유자는 그 속에 예수 그리스도의 아름다운 신앙 인격이 형성된 자입니다. 구역은 그런 사람을 통해 배가 부흥할 것이고, 아름다운 구역이 이루어질 것입니다.

☞ 시편 105편 3절을 읽으세요(P.878).

나눔의 시간

1. 오늘의 공부를 통해서 느낀 점을 말해 봅시다.

2. 우리 구역의 장점에는 무엇이 있는지 의논해 보고, 그것을 생활 속에서 자랑하여 봅시다.

제4과

아름답게 부흥하는 구역

● 본문 : 행 2:46~47(P.190)
● 찬송 : 260(통194), 292(통415), 342(통395)

할렐루야! 전도합시다!

예화

아름다운 가족

시부모님을 모시고 살아가는 부부가 있었습니다. 어느 날 남편이 아내에게 말했습니다. "여보, 우리가 조만간 조그만 집을 얻어서 독립하여 나갈 수 있을 것 같아." 그 말을 들은 아내는 뛸 듯이 기뻐하면서 남편에게 말했습니다. "정말요. 그렇게 기쁜 소식을 전해 주시다니요. 어떻게 집을 얻을 돈을 마련했어요?" "응, 언제까지 부모님께 기대어 살 수는 없잖아요. 그동안 봉급 타면 조금씩 저축해 왔던 것을 이번에 타게 되었거든. 이제는 우리에게도 귀여운 아이가 태어났으니 열심히 살자구. 하나님께서 기뻐하시는 아름다운 가정을 만들어 가야겠지."

지구에 살고 있는 생명을 가진 생명체는 성장하여서 독립하도록 되어 있습니다. 창세기에 보면, 사람들도 성장하면 남자가 아버지를 떠나 새로운 가정을 만들도록 되어 있습니다. 나무들도 자라면 분목하게 되고, 곤충들도 성장하면 번식하게 됩니다. 이처럼 사람이나 산짐승, 들짐승과 초목들, 미생물까지도 살아있다고 생각되는 것은 두 배, 세 배 이상으로 늘어나게 되어 있습니다.

구역이 성장하고 부흥하여 분구역되는 것은 하나님이 지으신 이 세상 만물의 이치와 동일합니다. 해마다 구역에서는 그 해에 분구역하여 배가 성장하는 것을 최우선 과제로 삼고 기도해야 합니다.

그렇다면, 우리가 부흥하는 아름다운 구역을 만들려면 어떻게 해야 할 것입니까?

1. 말씀을 실천해야 한다

사람들이 몸을 지탱하고 성장하기 위해 적당한 음식을 섭취하고 활동하듯이, 구역이 지탱하고 성장하기 위해서는 영혼의 양식이 되는 하나님 말씀을 섭취하고, 그 말씀대로 실천하는 것이 중요합니다.

말씀은 사람의 마음을 변화시키는 능력이 있으므로, 말씀을 실천하는 속에서 부흥의 역사가 일어나게 됩니다.

☞ 야고보서 2장 17절을 읽으세요(P.373). ______________________

____

☞ 히브리서 4장 12~13절을 읽으세요(P.357). ____________________

____

2. 단합이 잘 되어야 한다

단체 운동경기를 생각해 봅시다. 한 팀에 주전격인 선수가 있다고 합시다. 그 선수를 중심하여 모든 선수들이 한 마음 한 뜻이 되며 응원단들까지도 한 팀이 되어 팀웍을 이루면, 분명히 그 경기는 승리하게 됩니다.

구역 또한 같은 원리입니다. 구역장과 구역인도자를 중심하여 뜻을 합하면 교회의 전 교우들까지 한 팀이 되며 곧 그 구역은 부흥하게 될 것입니다. 한 마음으로의 단합이 얼마나 잘 되는가에 부흥의 열쇠가 있다고 할 수 있습니다.

☞ 출애굽기 17장 12~13절을 읽으세요(P.190).

3. 좋은 본보기가 되어야 한다

사람들은 무엇인가 좋은 점을 닮아가려는 이상추구적인 존재라 할 수 있습니다. 자신의 이상에 맞는 일이라면, 그것을 따르게 됩니다. 특별히 먼저 앞서가는 자를 본받게 됩니다. 자기보다 나은 선인들을 닮도록 교육받고 행동하고 있습니다. 그러므로 먼저 믿는 자들이 믿는 자나 믿지 않는 자의 본이 되어야 합니다.

믿음, 충성, 헌신, 기도, 예배, 전도, 구제, 가정생활 등 신앙생활에서 좋은 본이 되는 구역은 부흥할 것입니다.

☞ 베드로전서 5장 3~4절을 읽으세요(P.382).

4. 전도대상자를 끊임없이 찾아야 한다

온전한 부흥이라 함은 숫자적인 면과 신앙성숙의 풍성함을 말할 수 있습니다. 양적인 면은 전도를 통해 가능해지고, 질적인 면은 양육을 통하여 가능해집니다. 그러나 사람이 없는 양육은 있을 수 없습니다. 우리는 온전한 부흥을 위해 우선적으로 기도하면서 전도대상자를 쉬지 않고 찾아야겠습니다.

☞ 로마서 9장 3절을 읽으세요(P.251).

5. 사랑의 교제와 구제가 있어야 한다

세상 사람들과 더불어 사는 동안에 그들을 변화시키고 감화시키는 것이 교제와 구제입니다. 작은 것 하나라도 나눠 쓸 수 있고 먹을 수 있는 사랑의 교제와 구제가 필요합니다. 이웃에 대해 대문과 담장이 없는 가정을 만든다면 부흥하는 아름다운 구역이 될 것입니다.

☞ 사행행전 2장 46~47절을 읽으세요(P.190).

6. 자랑을 잘해야 한다

자랑하지 못하는 자는 자랑하면서 오는 기쁨을 맛볼 수 없습니다. 기독교적 자랑은 예수, 교회, 구역, 목회자 등 나 이외의 타인을 자랑하는 것입니다. 매일 생활 속에서 예수 그리스도를 자랑하고, 교회를 자랑하며, 자기 구역을 자랑하십시오. 특별히 담임목회자를 자랑하는 것은 양들이 취해야 할 가장 중요한 것 중의 하나입니다.

자랑을 잘하는 구역은 배가 부흥의 꿈을 기대할 수 있습니다.

다음을 읽고, 사도 바울의 자랑에 대해 생각해 봅시다.

☞ 갈라디아서 6장 14절을 읽으세요(P.309). ________________

____

나눔의 시간

1. 오늘의 공부를 통해서 느낀 점을 말해 봅시다.

2. 구역부흥을 위해 이웃 중에서 전도대상자로 삼을 사람이 누구인지 의논해 보고, 계속 기도제목으로 삼읍시다.

제5과

아름다운 구역과 성적관리

● 본문 : 마 25:19~25(P.43-44)
● 찬송 : 94(통102), 200(통235), 212(통347)

할렐루야! 전도합시다!

예화

뒤뜰의 행복

미국에 이민을 떠난 한국인 가정이 있었습니다. 미국에 살면서 늘 고향을 그리워하는 마음이 있었지만, 한국을 그렇게 쉽게 왔다 갔다 할 수 있는 형편이 되지 않았습니다. 사는 집의 뒤뜰에 조그마한 화단이 있었는데, 그곳에 봄이 되어 고추, 상추, 깻잎, 오이 등을 심어서 그리움을 달랬습니다. 몇 개월이 지나면서 화단은 풍성한 푸르름으로 뒤덮였습니다. 가끔 주말이 되면 삼겹살을 구워 먹으면서 뒤뜰에 심어 놓은 고추며, 상추, 깻잎을 따다가 함께 싸서 먹는 행복은 한국 그대로입니다. 하루는 아내가 남편에게 물었습니다. "올해는 깨를 심지도 않았는데, 어떻게 이렇게 많은 깻잎들이 생겨났는지 모르겠네요." 남편이 미소지으며 말했습니다. "작년에 심었던 깨가 저절로 땅에 떨어져서 올해에는 더 많은 깻잎을 수확하게 된 거라오."

풍성한 열매는 사람들에게 행복을 안겨줍니다. 하나님 나라의 믿음법칙도 동일합니다. 본문 말씀에서도 많은 달란트를 남긴 자는 주인 앞에서 자신 있게 회계하며 칭찬을 받았지만, 반면에 그렇지 못한 자는 책망받는 모습을 볼 수 있습니다.

하나님 앞에서 우리 구역도 신앙성적관리를 잘하여 칭찬과 상급을 받는 기회가 되어야 합니다. 달란트를 많이 남긴 자처럼 올해의 마지막 결산을 할 때에는 각 구역에서 좋은 성적을 남겨 칭찬과 상급을 받음으로 하나님께 영광을 돌리는 은혜가 있어야 합니다.

우리 구역이 금년도에 신앙성적관리를 잘하려면 어떻게 해야 할까에 대해 생각해 봅시다.

1. 성경을 많이 읽자

성경은 하나님께서 사람들에게 하나님의 뜻을 보여주시는 도구입니다. 상대방의 뜻을 알기 위해서는 상호간의 긴밀한 관계를 유지해야 하듯이 하나님의 뜻을 잘 알기 위해서는 성경과 긴밀한 관계를 맺어야 합니다. 그러기 위해서는 성경을 읽는 일에 게을리 하지 말고 열심을 품어야 합니다. 성경 속에는 이 세상을 사는 방법, 하나님을 섬기는 방법 등 신앙생활에 필요한 모든 지침이 들어 있습니다.

하나님 말씀인 성경을 많이 읽음으로 한 걸음 더 전진할 수 있는 신앙생활이 되도록 합시다.

다음 말씀을 읽어봅시다.

☞ 시편 119장 103~105절을 읽으세요(P.892~893).

2. 모든 예배에 열심히 참석해야 한다

하나님께로부터 지으심을 받은 피조물들의 가장 아름다운 모습을 찾아볼 수 있는 시간은 정성껏 하나님께 예배드리는 순간입니다. 예배를 정성껏 열심히 드리는 것은 우리가 가지고 있는 신앙의 최대 표현입니다. 예배 시간을 철저히 지키며 미리미리 교회에 나와서 준비하는 것은 하나님께 인정받는 길이요, 삶의 윤택함을 얻는 지름길입니다.

☞ 요한복음 4장 24절을 읽으세요(P.148).

3. 심방을 잘해야 한다

심방은 그리스도를 효과적으로 영접하며 신앙생활을 기쁨 가운데 계속할 수 있도록 하는 데 필요한 성도의 무기라고 할 수 있습니다. 낙심되어 있을 때 하는 전화 한 통화나 따뜻한 위로의 말은 생명을 구원하는 능력이 됩니다. 심방을 잘한다는 말은 열심히 한다는 말의 뜻도 있겠지만, 교회의 덕을 세우기도 하며 질서를 지키며 그리스도의 몸을 세운다는 것을 의미하기도 합니다. 심방을 통하여 상한 심령을 치유하고 참된 그리스도인이 되며 감사의 생활이 되도록 합시다.

4. 각종 보고를 잘해야 한다

구역이나 구역원에게 일어나는 여러 가지 문제들이나 성적관리에 관한 문제는 제반 모든 사항을 구역장이나 구역인도자에게, 또한 담임목회자에게 철저하게 보고해야 합니다. 왜냐하면 각 구역은 보고를 통하여 관리가 되어지며, 문제발생시 문제를 극소화시킬 수 있기 때문입니다. 호미로 막을 것을 삽으로 막는 일이 없도록 해야 합니다.

5. 새 신자를 많이 전도하도록 한다

한 마리의 양이 장성하면 또 다른 양을 생산하듯이, 한 사람의 영혼이 장성하면서 또 다른 사람을 그리스도에게로 인도하는 것은 지극히 자연스러운 영적 현상입니다. 우리가 한 사람의 영혼을 그리스도에게로 인도함에는 기도가 있어야 합니다.

각 구역에서는 이를 위해 금년 한 해에도 깊은 관심과 헌신으로 나아갑시다.

☞ 디도서 1장 3절을 읽으세요(P.348). ______________________

____

나눔의 시간

1. 오늘의 공부를 통하여 느낀 점을 말해 봅시다.

2. 우리 구역 성적관리를 위해 우리 구역이 다같이 합심하여 해야 할 일 중에서 가장 시급하고 중요한 일은 무엇이라고 생각하십니까?

제6과

예수사랑, 교회사랑

●본문 : 골 1:24~29(P.325)
●찬송 : 263(통197), 333(통381), 288(통204)

◆

할렐루야! 전도합시다!

예화

여름성경학교와 냉차

어느 교회에서 여름성경학교를 준비하고 있었습니다. 한 분의 집사님이 목사님에게 찾아와서, "목사님, 올해에는 저도 여름성경학교에서 하나를 맡아서 봉사하려고 합니다"고 했습니다 목사님은 그분은 도저히 아이들을 맡아서 가르칠만한 능력이 없다는 것을 알고 있었기 때문에 내심 무척 당황스러웠지만, 침착하게 물었습니다. "집사님, 어떤 반을 맡기를 원하세요?" 그때 그 집사님이 이렇게 말했습니다. "목사님, 저는 아이들을 가르칠 수 없어요. 하지만 기도하면서 생각해 보았는데, 여름성경학교 기간 동안에 아이들에게 시원한 냉차를 준비하여 주도록 하겠습니다." 여름성경학교 내내 무더위 속에서 땀을 뻘뻘 흘리면서 아이들에게 냉차를 나누어 주는 그 집사님의 모습에서 예수님사랑, 교회사랑이 무엇인지를 담임목사님은 목회하는 내내 생각하곤 했습니다.

하나님을 사랑하고 예수 그리스도를 사랑하는 것은 교회를 통하여 표현되어야 합니다. 예수사랑의 근본은 교회를 사랑하는 마음이라고 할 수 있는데, 교회는 예수 그리스도께서 피 값으로 사신 그분의 몸이기 때문입니다. 예수사랑은 교회사랑이며, 교회사랑은 예수사랑입니다.

이 시간에는 어떻게 하는 것이 참된 예수사랑, 교회사랑인가를 살펴보도록 합시다.

1. 헌신과 희생

사랑이란 인간의 밑바탕에서 흐르는 귀한 보배요, 헌신하려는 마음과 희생하려는 자세입니다. 헌신과 희생하는 마음을 마련해 놓으면 그 안에서 사랑이라는 싹이 나오는 것입니다. 자신의 생각이 죽어지고 고개를 숙일 때, 그리스도의 생각이 싹이 트고 예수의 열매가 맺혀지는 것입니다. 교회와 예수 그리스도를 위해 헌신과 희생을 할 때, 하나님께서 그의 삶을 복되게 하십니다.

☞ 골로새서 1장 24절을 읽으세요(P.325).

☞ 데살로니가전서 1장 3절을 읽으세요(P.329).

2. 충성과 봉사

봉사가 매일의 생활 속에서 끊임없이 드려지는 도구라고 한다면, 충성은 긴급하고 절박한 상황 속에서 목숨을 내걸고 자신을 드리는 도구라고 할 수 있습니다. 충성, 봉사를 하는 성도라 함은 교회생활에서 보이는 곳이나 보이지 않는 곳에서 항상 주님을 섬기고 교회를 돌보며 어려운 일이 발생했을 때에 적극적으로 주님의 몸 된 교회를 위해 자신을 드리는 사람을 말합니다. 교회에 대한 충성과 봉사는 예수 그리스도를 사랑하는 마음에 대한 외적 표현의 극치라고 할 수 있습니다.

☞ 요한계시록 2장 10절을 읽으세요(P.400).

3. 믿음으로 순종하는 자세

신자의 주님에 대한 사랑은 순종하는 믿음으로 나타납니다. 그것은 마치 아브라함이 사랑하는 독자 이삭을 하나님께 제물로 순종하여 드리는 모습과 같은 곳에서 발견할 수 있습니다. 당신의 신앙생활 속에 순종하는 신앙을 생활화하십시오. 순종은 때때로 내게 비록 이해가 안 될지라도 주님께서 말씀하시니 실행하는 것입니다.

순종이 얼마나 중요한 것인지에 대해, 다음을 읽고 생각해 봅시다.

☞ 누가복음 5장 4~6절을 읽으세요(P.96).

4. 영혼구원의 열정

죽어가는 영혼을 살리라는 것은 주님의 지상명령입니다. 이 명령을 잘

준수하는 것은 주님의 계명을 사랑하는 것이요, 교회를 사랑하는 것입니다. 죄와 허물로 죽어 있는 자들이 우리의 전도사역으로 소생하는 역사는 주의 몸 된 교회를 세우는 데 큰 일익을 담당하는 것입니다. 다음을 읽고, 영혼구원에 대한 바울의 열정에 대해 느끼는 바를 말해 보십시오.

☞ 로마서 9장 1~3절을 읽으세요(P.251). ______________________

____

5. 잘못된 진리를 따르지 않는다

혼탁한 신앙 가운데 자칫 잘못하면 주님의 교회의 순수한 복음 외에 이단사상에 빠지기 쉽습니다. 그러므로 성도는 교회에서 나오는 말씀으로 살아가야 합니다. 특별히 교회에서 먹이는 말씀을 도외시하고 자꾸 이상한 곳으로 마음을 빼앗긴다면, 이는 참으로 위험한 일입니다. 양은 참된 목자의 음성을 잘 듣고 그 꼴을 먹음으로 성장할 수 있습니다.

☞ 요한일서 4장 6절을 읽으세요(P.392). ______________________

____

6. 선한 동기가 있어야 한다

우리가 예수사랑, 교회사랑을 하려면 주님을 위한 일에 있어서 매사에 선한 마음으로 임하는 자세가 필요합니다. 교회를 사랑하고 예수를 사랑하려는 선한 동기가 있어야 합니다. 아름다운 것 같으나 동기가 잘못되면 결국은 파산에 이르게 됩니다. 동기가 잘못되면 결과도 잘못되는 것입니다.

7. 선한 청지기가 되어야 한다

청지기란 맡은 자를 의미하는데, 맡은 자는 관리를 잘해야 합니다. 물질, 시간, 복음, 재능 등 주님께서 부여하신 모든 것을 선하게 관리하는 것은 예수를 사랑하고 교회를 사랑하는 비결입니다. 우리는 지극히 작은 것에서부터 큰 일에 이르기까지 모든 것의 주인이 되신 주님을 위한 선한 청지기가 되어야 합니다.

☞ 고린도전서 4장 1~2절을 읽으세요(P.266~267).

나눔의 시간

1. 오늘의 공부를 통해서 느낀 점을 말해 봅시다.

2. 선한 동기로 주를 섬기다가 축복받은 사람을 알고 있다면, 간증해 봅시다.

제7과

교회사랑과 희생헌신

● 본문 : 요 12:1~8(P.167)
● 찬송 : 285(통209), 384(통434), 288(통204)

할렐루야! 전도합시다!

예화

두 아버지의 이야기

아들을 외국으로 유학을 보낸 집사님과 서울로 공부하러 보낸 장로님이 서로 이야기를 나누고 있었습니다. 유학생의 아버지인 집사님이 말했습니다. "저는 아들의 편지를 볼 때마다 사전을 찾아야 한답니다. 점점 쓰는 단어가 어려워지고 있거든요." 그러자 장로님이 말했습니다. "그래도 집사님은 약과예요. 저는 아들의 편지를 볼 때마다 은행으로 가야 하거든요."

자녀들의 앞길의 성공은 저절로 이루어지지 않습니다. 부모의 사랑과 헌신을 통해서 이루어지는 것입니다. 교회의 부흥과 하나님 나라의 확장 역시 믿음의 백성들의 헌신을 통해서 이루어집니다. 성경에 보면, 교회를 사랑하고 주님을 사랑하는 마음으로 자신을 희생하는 많은 인물들을 볼 수 있습니다. 이러한 성경의 인물들은 처음에는 조금 어려운 상황이 주어졌을지라도 결국에 가서는 영적인 축복을 누리게 되어 있습니다.

그렇다면, 교회와 주님을 사랑하기 위해 헌신과 희생을 아끼지 않았던 성경 인물들을 살펴보고, 그들의 신앙을 우리의 것으로 만들어 봅시다.

1. 역경 속에서도 교회를 사랑한 바울

바울은 많은 옥중생활 속에서 자신이 섬기는 교회에 대해 뜨거운 열정을 보여주었습니다. 그는 예수 그리스도를 사랑하는 마음으로 자신의 생애를 드려 역경 속에서도 교회를 사랑하는 데 전심전력하였습니다. 교회에 대한 참된 사랑은 바로 이런 것입니다. 평안할 때에도 교회를 사랑하고 관심을 보여야 겠지만, 특별히 어려운 역경 속에서도 교회를 사랑하였던 바울처럼 우리도 어려운 역경 속에서도 교회를 사랑하는 희생정신을 가져 봅시다.

☞ 골로새서 1장 24절을 읽으세요(P.325).

2. 하나님에 대한 사랑을 성전건축준비로 표현한 다윗

전쟁에서 승리하고 국가의 안정을 되찾은 다윗은 그의 생애의 마무리를 하나님의 아름다운 성전을 건축하여 봉헌하는 준비를 하는 데 전심전력했습니다. 이것이 다윗이 하나님께 받은 은혜와 사랑을 표현하기 위해 애썼던 최선의 방법이었습니다. 성전은 하나님께서 임재하여 계시는 곳이요, 예수 그리스도의 몸이며, 다가올 천국의 모형입니다. 성도가 일생을 사는 동안 하나님이 주신 은혜에 감사하여 다윗과 같은 신앙자세를 갖는 것은 참으로 복된 것이라고 할 수 있습니다.

다음을 읽고, 하나님의 전에 대한 다윗의 신앙자세를 살펴봅시다(3가지 이상).

☞ 역대상 29장 1~9절을 읽으세요(P.653). ______________________

____

3. 목숨 걸고 예수 그리스도를 사랑한 베드로

주님을 세 번이나 부인했던 베드로는 믿음을 새롭게 하여 주님을 섬기는 데 자기의 생명을 아끼지 않았습니다.

우리가 주님의 몸 된 교회를 섬기는 데 있어서, 베드로의 이런 신앙자세는 귀한 본이 됩니다. 게으르고 나태한 마음을 물리치고 열심히 주님을 위해 충성, 헌신해 봅시다. 사람의 수단방법을 버리고 조건 없이 주님의 은혜에 감사 감격하여 주님과 교회를 섬겨봅시다. 나는 믿음이 약해서 할 수 없다고 생각하지 말고, 하나님의 전능하신 능력을 의지해 주님사랑을 실천해 봅시다.

☞ 스가랴 4장 6절을 읽으세요(P.1316). ______________________

____

4. 하나님의 집을 중심으로 했던 룻

세상을 상징하는 모압지방에서 생활했던 룻이 하나님의 집을 의미하는 베들레헴으로 자신의 삶을 완전히 전환해 버린 것은 하나님을 중심으로 살려는 신앙의 결단이었습니다. 세상에 속한 곳으로부터 하나님을 사랑하는 처소로 이주했던 룻처럼, 우리의 신앙이 항상 하나님의 집을 중심으로 하여 사는 것이 중요합니다. 교회를 가까이하며, 교회를 중심으로 하고, 교회를 통하여 모든 일을 계획하고 진행하는 것은 아름다운 신앙의 매력입니다. 룻의 신앙을 통해서 우리의 신앙을 점검해 봅시다.

다음을 읽고, 말씀의 의미를 생각해 봅시다.

☞ 룻기 1장 16절을 읽으세요(P.403). ____________________

____

나눔의 시간

1. 오늘의 공부를 통해서 느낀 점을 말해 봅시다.

2. 당신은 어렵다고 생각되는 상황 속에서 믿음을 위한 결단을 한 경험이 있습니까? 그때 얻어진 하나님의 은혜를 나눠 봅시다.

제8과

교회사랑과 충성, 봉사

- 본문 : 딤후 2:1~7(P.344)
- 찬송 : 279(통337), 370(통455), 386(통439)

◆

할렐루야! 전도합시다!

예화

무엇을 바칠 것인가?

불란서전쟁 때에 오른팔에 총탄을 맞은 어느 사병이 육군병원에서 수술을 받고 팔을 자르게 되었습니다. 군의관은 수술 전에, 안타까운 일이지만 당신의 팔은 이제 잃어버리게 되었다고 했습니다. 그 때에 사병은 "내 팔은 잃어버린 것이 아니라, 조국을 위해서 바쳤습니다"라고 했습니다. 제2차 세계대전 중에 영국이 위기에 처해있을 때에 윈스턴 쳐칠은 이런 유명한 말을 남겼습니다. "나는 조국 앞에 눈물과 땀과 피 밖에 바칠 것이 없습니다. 여러분들도 조국 앞에서 눈물과 땀과 피를 바칩시다."

전쟁에서 한 나라의 운명은 그 나라를 위해서 충성하는 군인이 얼마나 되느냐에 달렸습니다. 신자는 그리스도의 군사입니다. 그리스도의 복음과 하나님 나라의 확장을 위해서 나는 무엇을 바쳐서 충성, 봉사할 것인지를 고민하고 기도하는 신자들을 통해서 하나님의 영광은 드러납니다.

그렇다면, 주님을 위해 어떤 자세로 충성, 봉사해야 할 것인가에 대해 생각해 보도록 합시다.

1. 주님을 위해 재능을 따라 충성, 봉사하자

인체에는 각 기능이 있습니다.

인체의 각 기능이 자기의 위치에서 주어진 임무에 따라 움직이고 있기 때문에 우리의 몸이 정상적으로 움직이고 있습니다. 이와 같이 하나님께서 맡겨 주신 재능이 우리에게는 다 있습니다. 이러한 재능을 최대한 개발하여 주님의 몸 된 교회를 위해 사용합시다. 만약 이 아름다운 재능을 세상을 위해 사용한다면 얼마나 불행하겠습니까? 자신이 소유한 조그마한 재능일지라도 주님께 사용된다면 하나님께서 크나큰 역사를 이루실 것입니다. 당신에게 주신 하나님의 달란트는 무엇입니까?

다음을 읽고, 우리가 주님을 위해 충성, 봉사해야 할 이유에 대하여 생각하고 서로 토의해 봅시다.

☞ 고린도전서 12장 27절을 읽으세요(P.279). ____________________

____

☞ 요한계시록 2장 19절을 읽으세요(P.400). ____________________

____

2. 성령충만한 은혜 가운데 교회를 섬기자

교회를 사랑하며 섬기는 자는 성령충만하며 은혜가 풍성한 가운데 충성, 봉사를 해야 합니다. 잘려진 연줄에 매달린 연과 꺾여있는 꽃과 같이, 그리고 물을 떠난 물고기와 기름 없는 등잔과 같이 은혜가 없는 성도가 되지 맙시다. 시냇가에 심겨져 계절을 따라서 각종 열매를 맺는 나무와 같이, 성령충만하여 성령의 열매를 맺는 주님의 충성된 종이 됩시다. 은혜에 감격하여 감사하는 마음으로 교회를 섬깁시다. 그때에 하나님께서 베풀어주시는 성령의 열매가 우리와 우리 교회 안에 풍성해질 것입니다.

다음을 읽고, 우리의 충성, 봉사에 성령충만이 필요한 이유를 생각해 봅시다.

☞ 로마서 14장 17~18절을 읽으세요(P.259). ______________

____

3. 자발적인 마음으로 교회를 사랑하자

하나님께서 성도에게 자유라는 귀한 선물을 주시려고 부르셨습니다. 이 귀한 선물을 육체의 기회로 삼지 말라고 하신 성경 말씀을 실천합시다. 부득이함이나 억지로 하지 말고, 자원하는 마음과 즐거운 마음으로 주님의 몸 된 교회를 사랑하며 섬깁시다. 자발적인 마음으로 교회를 섬길 때, 이전보다 더 많은 주님의 일을 감당하며 더 뜨거운 하나님의 사랑을 받을 수 있습니다.

다음을 읽고, 자발적인 마음에 대한 성경말씀의 교훈을 살펴봅시다.

☞ 고린도후서 9장 7절을 읽으세요(P.295). ______________

____

☞ 베드로전서 5장 2~3절을 읽으세요(P.382).

☞ 시편 51편 12절을 읽으세요(P.838).

나눔의 시간

1. 오늘의 공부를 통해 느낀 점을 말해 봅시다.

2. 불가능해 보이는 환경 속에서 성령님이 감동하여 시키시는 인도를 따라 결단하여 얻은 체험이 있으면 함께 나눠 봅시다.

제9과

교회사랑과 순종

● 본문 : 빌2:6~11(P.319~320)
● 찬송 : 369(통487), 382(통432), 370(통455)

◇

할렐루야! 전도합시다!

예화

금덩이의 주인

옛날 어떤 나라에서 임금이 신하의 순종을 시험하기 위해서 3명의 신하를 불러서 명했습니다. "경들은 후원 연못의 물을 길어다가 항아리에 채우라." 신하들은 물을 길어 항아리에 부었지만, 항아리는 밑바닥이 깨어져 있었던 고로 그중에 두 명의 신하는 몇 번 물을 길어다가 부어본 후에 포기하고 말았습니다. 하지만, 나머지 한 명의 신하는 왕의 어명인지라, 연못의 물이 다 없어질 때까지 물을 길어다가 항아리에 붓고 또 부었습니다. 연못의 물이 없어져서 바닥이 드러났을 때, 연못의 가운데에는 번쩍이면서 빛나는 것이 있었습니다. 자세히 들여다보니, 그것은 금덩어리였습니다. 신하는 깜짝 놀라서 왕에게 그 사실을 보고하였습니다. 신하의 보고를 받은 왕은 기뻐하면서 이 금덩어리의 주인은 끝까지 헌신한 신하의 것이라고 하면서 그 신하에게 주었다고 합니다.

성경 전체를 꿰뚫고 지나가는 하나의 맥이 있으니, 순종이라는 부드럽고도 억센 줄기입니다. 성경에는 순종이 제사보다 낫다고 했습니다. 순종은 신앙인이 주님께 사랑받는 방법이며 축복의 통로입니다. 신자는 항상 마음속에서 일어나는 불순종의 마음을 부드럽게 하고 순종의 비결을 배워야 합니다.

그렇다면, 성경에 나타난 순종의 인물들을 살펴봄으로써 순종 후에 얻어지는 축복과 순종을 통하여 주님을 사랑하는 방법을 배워 보도록 합시다.

1. 이삭을 드리는 순종을 보여준 아브라함

자기의 인생에서 가장 소중하고 귀중한 것을 누군가가 빼앗아간다는 것은 참으로 극복하기 어려운 경험일 것입니다. 뿐만 아니라 그런 경우를 당한 사람은 삶의 의욕조차도 상실하기 쉬운 법입니다.

어느 날, 하나님께서는 아브라함에게 백세에 얻은 귀엽고 사랑스런 아들을 번제로 드리라고 요구하였습니다. 아브라함이 백세에 얻은 이삭은 그 무엇으로도 바꿀 수 없는 가장 소중한 아브라함의 인생의 전부였습니다. 그러나 그때 아브라함은 어찌했습니까? 성경의 어느 곳을 찾아보아도 하나님의 순종의 시험 앞에서 그가 실족했다거나 낙망했다는 기록이 없을 뿐만 아니라 하나님께 대항하여 원망했다는 소리를 기록한 곳이 없습니다. 오히려 아브라함은 믿음으로 순종하는 결단을 내렸습니다.

아브라함의 이런 순종의 태도는 어디서부터 나온 것일까요? 성경을 찾아봅시다.

☞ 히브리서 11장 19절을 읽으세요(P.366). ______________________

____

2. 순종으로 물고기를 잡은 베드로

밤이 올 때까지 물고기를 잡지 못한 어부 베드로에게 주님은 찾아 오셔서 깊은 곳에 그물을 던질 것을 요구하셨습니다. 베드로는 어부로서 물고기를 잡는 데에는 상당한 경험이 있었기 때문에 깊은 곳에는 물고기가 없다는 사실을 너무나 잘 알고 있었지만, 주님의 말씀을 믿는 믿음으로 순종하였습니다. 그때에 상상할 수 없으리만큼 많은 물고기를 잡았습니다.

우리가 지금까지 얻어온 경험을 의지하는 것보다 순수한 신앙으로 주님께 순종하는 것이 중요합니다. 내 경험, 근심, 생각을 모두 주님의 말씀에 묻어두고 순종함으로 교회를 섬깁시다. 자기 경험을 포기하고 순종하는 베드로의 신앙을 성경에서 찾아봅시다.

☞ 누가복음 5장 4~6절을 읽으세요(P.96). ______________________

____

3. 죽기까지 복종하신 예수 그리스도

십자가의 죽음 앞에서 주님의 의지와 상관없이 하나님의 구속의 뜻을 이루기 위해 죽기까지 복종하신 예수 그리스도의 순종 앞에서 우리는 순종의 자세가 무엇인지를 배우게 됩니다.

어떤 사람은 자기가 이해되는 것만 순종하려고 합니다. 그러나 그런 자세는 참된 순종이라고 할 수 없습니다. 오히려 '순종' 이라기보다는 '동의'

라고 함이 옳을 것입니다. 참된 순종의 자세는 나로서는 도저히 불가능한 상황 속에서도 주님의 뜻을 이루고 하나님의 영광, 교회부흥을 이루기 위해 결단하는 자세입니다. 하나님께서는 이런 삶을 사는 사람을 축복하십니다.

다음 성경을 찾아보고, 예수께서 죽기까지 순종하셨을 때 하나님께서는 어떻게 하셨는지 살펴봅시다.

☞ 에베소서 2장 7~11절을 읽으세요(P.319~320). ____________________

____

※ 성경은 이런 것을 바라보는 우리에게 어떻게 하라고 했습니까?

____

____

☞ 빌립보서 2장 5절을 읽으세요(P.319). ____________________

____

나눔의 시간

1. 오늘의 공부를 통해 느낀 점을 말해 봅시다.

2. 순종의 어려움을 극복하려면 어찌해야 할까요? 순종함을 실천하여 받은바 은혜가 있다면 함께 나눠 봅시다.

제10과

교회사랑과 영혼구원

● 본문 : 행 2:24~27(P.190)
● 찬송 : 496(통260), 502(통259), 510(통276)

할렐루야! 전도합시다!

예화

전도의 비결

어떤 집사님은 매년마다 5-60명씩의 새신자를 전도해 왔습니다. 새해의 초인 1월 달에만도 6명을 전도하여 교회에 등록을 시켰습니다. 그 방법이 궁금한 목사님이 집사님을 불러서 물었습니다. "집사님의 전도 비결은 무엇인가요?" 그러자, 집사님이 말했습니다. "목사님, 전도는 행사로 하면 안됩니다. 1년 365일 전도대상자 수첩을 만들어서 새벽마다 그 영혼을 위해서 기도하며, 최소한 1주일에 한 번 이상 그 집을 방문하거나 접촉하여 관계를 만들고, 때가 되면 교회에 초대하는 것이지요. 그리고 사람들이 교회에 나오면 계속해서 돌보아야 해요. 그러면 새해초일지라도 관계없이 전도를 할 수 있게 됩니다."

신자가 전도생활을 실천함은 아무리 강조해도 부족함이 없을 정도로 중요합니다. 성경은 그래서 전도의 중요성을 강조합니다. 성경에서는 전도에 대해 다음과 같이 말합니다.

· 예수님의 마지막 유언이며 명령입니다(행 1:8).
· 구역의 부흥이 이루어집니다(행 2:47).
· 교회부흥이 이루어집니다(행 2:47).
· 성도들이 힘을 얻습니다(행 4:31).
· 구원받은 성도가 마땅히 해야 할 일입니다.
· 주님사랑, 교회사랑의 표시입니다.

그렇다면, 우리가 주님사랑, 교회사랑의 표시인 전도를 어떻게 하면 좋을 것인가요?

1. 관심을 가져야 한다

신앙생활을 하다 보면 눈길을 끄는 것이 많이 있습니다. 기도드리는 것, 찬송하는 것, 말씀 읽는 것, 구제하는 것, 선교하는 것 등등 우리들이 실천하는 신앙요소 중에서 관심을 가지고 접해야 할 사항들이 많지만, 특별히 전도하는 사역을 마음에 두고 관심을 갖는 것은 교회사랑에 대한 우리의 신앙입니다. '시작이 반이다' 라는 말이 있듯이, 전도에 관심을 갖는다면 전도에 거의 완성을 이루게 되었다고 해도 과언은 아닐 것입니다.

구원(전도)에 관한 하나님의 관심을 성경에서 찾아보도록 합시다.

☞ 디모데전서 2장 4절을 읽으세요(P.338). ______

______

2. 자랑을 많이 해야 한다

어린이가 성장하여 유치원에서 배운 것을 집에 와서 그대로 흉내 내고 부모님 앞에서 자랑하고 뽐내는 것을 많이 볼 수 있습니다. 유치원생처럼 교회에서 배운 것을 밖에 나가서 자랑할 수 있어야 합니다. 어린 아이와 같은 심정으로 교회를 사랑하는 마음으로 자랑하는 성도가 하나님 나라에서 큰 자가 될 것입니다. 우리의 복음에 대한 자랑을 통하여 복음이 전달되는 것입니다. 자랑에 대해 성경에서 말하는 것이 무엇인지 살펴봅시다.

☞ 고린도후서 10장 8절을 읽으세요(P.296). ______

______

3. 기도하자

기도는 신앙생활에 힘을 더해 주는 성도의 무기이며 전도를 할 수 있도록 자신감을 부여해 주는 능력입니다. 우리는 항상 전도대상자를 붙여 달라는 간절한 기도와 전도할 수 있는 능력을 달라는 기도를 합시다.

☞ 골로새서 4장 3절을 읽으세요(P.328). ______

______

4. 찾아보자

백 마리의 양을 치던 목자가 잃어버린 양 한 마리를 찾기 위해 아흔 아홉 마리를 울 안에 두고 산을 가서 찾아오듯이, 우리 주위의 잃어버린 영혼과 예수를 알지 못하는 영혼을 눈을 크게 뜨고 찾아봅시다. 가까운 가족, 이웃과 친척, 친구 등등 우리 주변에 있는 사람들 중에서 우리는 잃어버린 영혼들을 찾아내야 합니다.

그렇다면 우리가 잃어버린 영혼을 찾았을 때, 하늘에서는 어떤 기쁨이 있습니까?

☞ 누가복음 15장 7절을 읽으세요(P.121). ______________________

____

5. 매체를 이용하자

우리 생활에서 폐품을 이용하여 생활필수품을 만들어 나듯이, 복음전도를 위해서 주님의 몸 된 교회를 위해 생활 속에서 여러 가지 방법을 이용합시다. 편지, 엽서, 전화, 직장, 집, 재능, 시간 등을 구분하지 말고 최대한 전도하는 선한 사업에 이용합시다. 이런 것을 우리가 먼저 사용하지 않으면 마귀가 사용한다는 것을 기억합시다.

☞ 디모데후서 4장 2절을 읽으세요(P.346). ______________________

____

6. 전도실천을 하도록 하자

아무리 거창한 구호와 목표가 있어도 실천하지 않는다면 모두가 헛것이 되고 말 것입니다. 하지만, 작은 목표라고 할지라도 한번 세운 것을 실천할 때에 그 열매는 반드시 나타나게 되어 있습니다. 전도실천을 위해서 대상자를 만들고, 심방하고, 결단하여 등록하도록 권면합시다.

그렇다면, 이런 일들을 어떻게 해야 하는지 성경을 찾아봅시다.

☞ 에베소서 4장 2절을 읽으세요(P.313). ____________________

____

☞ 빌립보서 2장 29을 읽으세요(P.321). ____________________

____

7. 영혼을 돌아보자

어항 속에 있는 물고기나 탁자 위에 있는 분재나 갓 태어난 어린 아이들을 항상 정성스럽게 돌보아야 정상적으로 자라나는 것은 누구나 다 잘 알고 있는 사실입니다. 영적인 새 생명 또한, 부모님과 같은 심정으로 다정스럽고 세밀하게 돌보아야 합니다. 우리 주변의 새 신자를 정성을 다해 돌봅시다. 그렇다면 어떻게 돌보아야 하겠습니까?

다음을 읽고, 말씀의 의미를 생각해 봅시다.

☞ 데살로니가전서 5장 14절을 읽으세요(P.333). ____________________

____

나눔의 시간

1. 오늘의 공부를 통해서 느낀 점을 말해 봅시다.

2. 신앙생활을 하면서 믿지 않는 자를 전도하던 중에 가장 인상깊게 남은 일이 있다면 말해 봅시다.

제11과

교회사랑과 비진리

●본문 : 유 1:3~4(P.397)
●찬송 : 496(통260), 384(통434), 545(통344)

할렐루야! 전도합시다!

예화

집단자살

가장 현명하고 지혜로운 동물일 것 같은 사람들이 종종 잘못된 종교에 미혹되어 집단자살하는 사건이 발생합니다. 73년 4월에는 로마에 저항하던 유대인 960여명이 마사다에서 최후의 집단자살을 했고, 1978년 11월에는 가이아나의 존스 타운에서 914명이 핵공격에도 안전지대라고 미혹되어 집단생활을 하다가 집단자살을 했으며, 1987년 8월에는 한국에서 오대양 사건으로 32명이 자살했고, 1997년에는 미국 샌디에고에서 천국문 신도들 39명이 되계인 우주선에 승선할 수 있다면서 집단자살했고, 1999년에는 캐나다의 퀘벡에서 신에 의해서 멸망이 곧 온다면서 그 멸망을 피하는 길이라고 미혹되어 태양신전과 연관되어 74명이 자살했고, 2000년 3월에는

> 아프리카 우간다에서 십계를 맹목적으로 강조하고 침묵을 강조하는 종파에서 300명 이상이 불속에 뛰어들어 자살했는데, 나중에는 1,000명 이상이 묻혀있는 매장지도 발견되었습니다.

말세가 가까워지면 질수록 잘못된 비진리를 믿는 이단종파들이 점점 더 기승을 부릴 것이라는 사실은 이미 성경에서 예언해 놓고 있는 것입니다. 그러므로 신자가 말세지말에 일어나는 이런 현상들에 미혹되지 않기 위해서는 잘못된 현상을 바로 알고, 올바른 신앙자세를 가져야 합니다.

1. 말세의 현상

① 거짓 선지자와 적그리스도가 일어남 (요일 2:18, 마 24:5, 24)

② 사랑이 식어짐 (마24:12)

③ 배도하는 일이 있음 (살후 2:3)

④ 참믿음을 찾아보기 어려움 (눅 18:8)

⑤ 모이기를 폐하는 무리가 나타남 (히 10:25)

⑥ 부정적 언어를 많이 사용함 (롬 1:28~29)

※ 이런 자들의 특징

- 잘못된 것을 인정치 않고 자기 합리화를 함
- 자기 파당을 조성함
- 칭찬보다는 비방, 조롱, 비판을 좋아함
- 이와 같은 자는 사형에 해당함(롬 1:32)

⑦ 바른 교훈을 받지 않음(딤후 4:3~4)

⑧ 대열에서 이탈하는 자가 늘어남(살전 5:14)

2. 우리의 자세

① 신앙점검을 해야 합니다.

건강한 육체를 보존하기 위해 정기적으로 종합진단검사를 받아서 자신의 건강상태를 유지하듯이, 우리의 신앙을 건강하고 건전하게 유지시키기 위해서는 날마다 자신의 신앙을 점검해야 합니다. 이렇게 하기 위해서 우리는 어떻게 해야 하겠습니까?

☞ 마태복음 25장 13절을 읽으세요(P.43).

② 교회중심으로 생활해야 합니다.

자녀들이 건강하고 올바른 교육이 이루어지고 원만한 성격을 소유하려면 가정을 중심으로 하여 성장하듯이, 우리들의 신앙이 올바르게 성장하려면 영적인 가정과 같은 교회를 중요시하고 하나님 아버지의 뜻에 따라 그 말씀을 중심으로 하여 생활해야 합니다. 성경에서는 교회를 중심으로 하는 모임을 중요시하고 있습니다.

다음 말씀을 읽어봅시다.

☞ 히브리서 10장 25절을 읽으세요(P.364).

③ 변호사(수호자)가 되어야 합니다.

성도는 예수를 믿는 것만으로 끝나는 것이 아니라 교회를 해치려는 잘못된 교리나 진리에 대항하여 교회의 진리를 지키고 참된 교리를 변호해야 할 의무가 있습니다. 이것은 복음을 담은 성도들의 아름다운 신앙 모습입니다. 복음의 변호(수호)에 대한 성경적인 자세를 살펴봅시다.

☞ 유다서 1장 3절을 읽으세요(P.397). ________________

____

④ 이단종파와 이방종교를 알아야 합니다.

여호와증인, 몰몬교, 안식교, 천주교, 천도관(천부교), 통일교, 힌두교, 불교, 유교, 유대교, 천리교, 시크교, 이슬람교(회교 또는 마호멧교), 남묘호랭게교 등입니다.

이들의 특징을 살펴보면 다음과 같습니다.

불안한 마음을 미혹하고, 좋은 인상을 심으려고 하며, 자신들의 교리를 '새 진리'로 내세울 뿐만 아니라, 성경을 이상스럽고 편협하게 해석합니다.

성경보다 자신들의 경전이 권위가 있다고 하고, 나사렛 예수 이외의 다른 예수를 내세우거나, 정통기독교를 거부하며, 표리부동함과 거짓 예언을 합니다.

어지러운 신학체계와 삼위일체를 부정하고, 행위에 의한 구원을 주장합니다.

3. 이단종파와 이방종교에 대한 우리의 자세

① 거짓된 진리들의 허구성에 대한 실체를 알아야 합니다.

② 거짓 진리에 미혹되어 있는 그들을 불쌍히 여겨야 합니다.

③ 깊은 교제를 피해야 합니다.

④ 참된 복음으로 무장하여 거짓 진리에 대항할 수 있어야 합니다. 다음 성경을 찾아 읽고, 말씀의 의미를 생각해 서로 나눠 봅시다.

☞ 고린도전서 5장 13절을 읽으세요(P.268). ________________

____

나눔의 시간

1. 오늘의 공부를 통해서 느낀 점을 말해 봅시다.

2. 우리 주변에 있는 잘못된 진리에 속한 자들을 알아보고 서로서로 조심하도록 일깨워 줍시다.

제12과

교회사랑과 선한 동기

● 본문 : 딤전 1:18~19 (P.338)
● 찬송 : 348(통388), 354(통394), 333(통381)

할렐루야! 전도합시다!

예화

무디의 헌신

미국의 유명한 전도자였던 무디는 원래 직업이 구두수선공이었습니다. 그가 회심 후 전도자가 되어서 전국을 누비며 복음을 증거하게 되었는데, 어느 날 대학교수 한 분이 다가와서 무디에게 말했습니다. "당신이 15동안 설교를 하였는데, 그동안에 맞지 않는 문법이 16군데나 있었던 것을 아시나요?" 그 때 무디는 이렇게 말했습니다. "죄송합니다. 교수님! 나는 배운 것이 없는 무식한 사람이라 그렇습니다만, 주님을 사랑하는 마음이 불타올라서 전도를 합니다. 하지만, 당신은 그 많은 학식을 가지고 영혼구원을 위해서 무엇을 하고 있나요?" 무디는 문법에 대하여 잘 몰라서 말이 때때로 틀릴지라도 주님을 사랑하는 마음이 더 커서 사람의 영혼을 울리는 전도를 하였던 것입니다.

동기부여는 생각을 만들고, 생각은 마음을 만들고, 마음은 행동을 유발시키고, 행동은 습관을 만들고, 습관은 그 사람의 운명을 결정짓는다는 말이 있습니다. 불순한 동기로써 시작되는 일과 선한 동기로써 출발하는 일은 진행되는 과정이나 결과를 볼 때, 비교할 수 없으리만큼 큰 차이가 발생합니다. 이 시간에는 선한 동기로써 교회를 사랑하고 주님을 사랑하는 시간을 만들어 봅시다.

1. 선한 동기를 가지는 방법

① 날마다 낮아지는 연습을 하십시오.

② 매사에 주님 편에서 생각하십시오.

③ 교회의 덕과 질서를 유지하는 생각을 가지십시오.

④ 그리스도의 몸(교회)을 세우는 생각을 하십시오.

⑤ 어떤 일을 하나님께서 기뻐하실까를 생각하십시오.

2. 선한 동기의 필요성

① 교회의 덕을 세울 수 있습니다.

② 주님을 사랑하는 가장 기본적인 마음자세가 됩니다.

③ 교회사랑을 위한 마음자세가 됩니다.

④ 성도 간에 서로 사랑할 수 있는 기회가 많아집니다.

⑤ 전도할 수 있는 접촉점을 가질 수 있습니다.

3. 선한 동기로써 사역한 성경적인 인물

성경에 보면 선한 동기를 가지고 주님을 사랑하여 헌신봉사함으로 축복받은 사람들이 있는데, 그들의 모습을 생각해 보도록 합시다.

1) 자주장사 루디아의 선교사업(행 16:14)

두아디라 성에 살고 있던 자주장사 루디아는 바울을 통하여 예수 그리스도를 영접하였습니다. 그녀는 기쁨에 감격하여 자신이 하고 있는 사업을 통하여 주의 전도사업을 하게 되었습니다. 그녀는 항상 하나님의 성도들을 위해 집을 개방하였습니다. 그리고 그녀는 자신의 집이 선교의 터전과 교제의 장소가 됨을 기뻐하였습니다. 그녀가 선한 동기로 바울의 선교사업에 동참하였을 때 어떤 일이 이루어졌습니까?

다음을 읽고 말씀의 의미를 생각해 봅시다.

☞ 빌립보서 1장 7절을 읽으세요(P.318). ______________________

____

2) 향유를 부어 주님을 섬긴 마리아(막 14:3~9)

마리아는 욕심을 내던 제자들 앞에서 아낌없이 지극히 비싼 향유를 주님의 발에 붓고 자기 머리털로 주님의 발을 씻어 드렸습니다. 마리아는 결코 어떤 욕심이 있어서 옥합을 깨뜨린 것이 아니라 순수하게 주님을 사랑하는 마음으로 귀중하고 소중한 향유를 드린 것입니다. 이때에 일어났던 일들은 무엇입니까?

다음을 읽고, 말씀을 생각해 봅시다.

☞ 마가복음 14장 9절을 읽으세요(P.79). ________________

____

3) 경건함으로 구제를 하는 고넬료(행 10장)

이탈리아 군대의 백부장인 고넬료는 이방인으로서 선한 마음으로 하나님의 백성을 구제하고 하나님을 경외하며 기도하는 경건한 자로 소문난 사람입니다. 그가 오직 하나님만을 바라보며 봉사할 때, 어떠한 일들이 발생하였습니까?

☞ 사도행전 10장 22, 31~32, 34~35절을 읽으세요(P.205). ________

____

4) 끝까지 충성, 헌신한 누가

바울이 복음을 전할 때, 여러 명의 동역자들이 함께 사역에 동참하였습니다. 그러나 그들의 복음을 위한 헌신의 모습은 각각 다르게 나타났습니다.

※ 성경의 디모데후서 4장 9~12절을 읽고, 다음을 생각해 봅시다.

① 바울의 동역자들은 누구누구였는지 말해 봅시다.

② 데마와 누가의 모습을 비교해 봅시다.

③ 누가의 좋은 신앙자세는 결국 어떤 업적을 남겼습니까?

나눔의 시간

1. 오늘의 공부를 통해서 느낀 점을 말해 봅시다.

2. 교회사랑에 있어서 하나님께서 기뻐하시는 일에 무엇이 있을까 생각해 봅시다.

제13과

교회사랑과 선한 청지기

● 본문 : 벧전 4:10~11(P. 381)
● 찬송 : 445(통502), 185(통179), 336(통383)

◆

할렐루야! 전도합시다!

예화

미국판 성수대교

2007년 8월 1일에 미국 미니애폴리스에서 미시시피강을 가로지르는 고속도로 교량이 무너져 내리는 사고가 발생했습니다. 교량이 붕괴되는 시간은 퇴근길이어서 당시 다리를 건너던 차량 50여대가 순식간에 추락했으며, 이로 인해서 30여명이 사망 또는 실종되었습니다. 당시 운전을 하던 제이미 위너씨는 "갑자기 '펑' 하는 소리가 들렸고, 차가 다리 아래로 떨어졌다. 처음에는 지진인줄 알았으나 알고 보니 교량붕괴사고였다" 고 당시의 상황을 전했습니다. 전문가들은 40년전 세워진 다리의 철골 노후화로 인한 붕괴사고로 추정했습니다. 철골 노후화는 하루 아침에 이루어지지 않습니다. 서서히 조금씩 부식되어 가기 때문에 철저한 관리가 필요합니다.

청지기란 말은 '맡은 자', '보관자', '관리자'라는 뜻을 가지고 있습니다. 하나님과 나 사이에 놓여있는 영적인 다리에도 관리가 필요합니다. 하나님과 나 사이에 있는 영적 교량이 부식되어 가지 않도록 잘 관리하는 선한 청지기가 되어 맡은 바 사명을 잘 감당해야 하겠습니다.

그렇다면, 신자가 청지기로서 잘 관리해야 할 것은 무엇입니까?

1. 시간을 맡은 청지기이다

하나님께서는 세상의 모든 사람에게 공평하게 시간을 주셨습니다. 하루 24시간, 1년 365일이라는 시간을 믿는 자나 믿지 않는 자에게 동일하게 주신 것입니다. 특별히 하나님을 믿는 우리가 하나님께서 주신 이 시간을 어떻게 활용해야 하는가는 매우 중요한 일입니다. 인생의 축복, 성공과 실패가 바로 여기에 달려 있기 때문입니다. 우리는 시간을 맡은 청지기입니다. 하나님 앞에서 우리에게 맡기신 시간을 잘 활용하는 것이 우리의 사명입니다. 시간을 맡은 청지기로서 우리가 어떻게 해야 할 것인가를 살펴봅시다.

☞ 에베소서 5장 16~17절을 읽으세요(P.315). ____________________

____

2. 재능(은사)을 맡은 청지기이다

성경에서는 재능(은사)을 달란트라는 말로써 사용합니다. 그리고 하나님께서 주신 각자의 재능은 믿음생활에서 교회를 잘 섬기고, 교회의 기능에 윤택함을 불어넣을 수 있도록 맡겨주신 것입니다. 뿐만 아니라 청지기는 반드시 주인과 결산을 해야 합니다.

성경 마태복음 25장 14~30절에 나오는 달란트 비유를 읽고, 서로 이야기 해 봅시다.

① 장사해서 남겼다는 것은 무엇을 의미합니까?

② 한 달란트 받은 자와 다섯 달란트 받은 자의 차이점은 무엇입니까?

3. 복음을 맡은 청지기이다

복음이란 기쁨의 좋은 소식이라는 말로서, 불신자에게 전해지는 하나님의 구원소식입니다. 하나님께서는 이 귀한 복음을 우리들에게 맡겨주셨습니다. 그러므로 복음은 순수한 그대로 지켜야 하며 전달해야 할 의무가 있습니다. 복음을 잘 관리한 자의 보상은 무엇입니까?

☞ 디모데후서 4장 8절을 읽으세요(P.346).

☞ 다니엘 12장 3절을 읽으세요(P.1255).

4. 재물을 맡은 청지기이다

사람들은 재물에 대하여, 내가 벌었으니까 내 것이라고 여기기 쉽습니다. 그러나 모든 재물은 하나님의 것이며, 우리는 잠깐 관리하는 청지기에 지나지 않습니다.

청지기는 주인의 뜻대로 관리하는 자입니다. 우리는 하나님께서 우리에게 주신 재물을 하나님께서 기뻐하시는 선한 뜻을 위해 사용하려는 신앙과 각오가 있어야 합니다. 하나님께서는 이런 사람에게 더 큰 것으로 축복하십니다. 재물에 대한 성경적 태도를 살펴봅시다.

☞ 디모데전서 6장 17~19절을 읽으세요(P.342).

5. 직분을 맡은 청지기이다

주님께서는 교회를 온전히 세우고 활성화시키며 부흥시키기 위해서 각자의 믿음에 따라 직분을 허락하셨습니다. 이 직분은 자랑의 요소가 아니라 주님을 섬기는 방편으로 겸손의 척도가 되어야 합니다. 그렇다면 교회 안에서는 어떠한 직분이 있으며, 직분자의 자세는 무엇입니까?

☞ 고린도전서 4장 1~2절을 읽으세요(P.266~267).

6. 자신을 맡은 청지기이다

우리의 몸은 하나님의 성령이 거하시는 성령의 전이라고 합니다. 자기의 몸을 소홀히 다루어 허망한 곳에 머물게 하는 것은 크나큰 불찰이 아닐 수 없습니다. 하나님의 소유된 나 자신을 하나님의 뜻에 맞도록 생활해야 합니다.

자신의 몸에 대한 바울의 자세를 알아봅시다.

☞ 고린도전서 6장 19~20절을 읽으세요(P.269).

☞ 빌립보서 1장 20~21절을 읽으세요(P.320).

나눔의 시간

1. 오늘의 공부를 통하여 느낀 점을 말해 봅시다.

2. 복음을 맡은 청지기로서 당신은 어떻게 복음을 관리할 것입니까?

제14과

청지기와 시간관리

● 본문 : 엡 5:15~17(P.315)
● 찬송 : 175(통162), 182(통169), 212(통347)

◆

할렐루야! 전도합시다!

예화

일정관리 프로그램

어떤 장로님은 사업으로 무척 바쁘신 분입니다. 그런데도 그분은 주변 사람들에게 신뢰와 신임을 얻으며, 믿음의 사람으로서 덕망을 얻고 있습니다. 장로님은 아무리 오래 전에 한 약속일지라도 절대로 잊지 않고, 약속한 사람보다 먼저 알고 때로는 미리 전화하는, 그런 분이십니다. 하루는 장로님이 어떻게 그렇게 다른 사람들과의 약속을 잘 기억하는지 그 비법에 대하여 물어보았습니다. 그랬더니 그 장로님은 조그만 노트북 컴퓨터를 보여주면서 이렇게 말했습니다. “나는 원래 바쁜 사람이라서 다른 사람들과 약속을 해도 금방 잊어버리지요. 그런데, 이 컴퓨터를 사용한 후로는 그런 문제가 모두 해결되었답니다.” 장로님은 컴퓨터에 일정관리 프로그램을 설치해 놓고, 어떤 사람과 약속을 하면 항상 그곳에 기록하였으며, 날마다 그 일정표를 확인한 것입니다.

시간은 하나님께서 우리들에게 주신 선물입니다. 우리에게 주신 시간의 선물을 잘 관리할 때, 하나님의 은혜와 축복의 사람으로 우뚝 서게 될 것입니다. 시간을 나타내는 헬라어에는 자연적인 시간을 말하는 크로노스(Chronos)라는 말과 특별한 사건이나 시절을 의미하는 카이로스(Kairos)라는 말이 있습니다. 그렇다면, 우리가 어떻게 시간을 관리하여 카이로스의 사건이 일어나는 축복의 사람이 될 것입니까?

1. 우선순위를 설정하라

우리는 우선순위를 무엇으로 정하고 있습니까? 평소때부터 생각을 정리하고 자신을 다스려서 시간의 우선순위를 신앙으로 결정해야 합니다. 말로 결정하는 우선순위가 아니라 행동으로 움직여주는 결단력 있는 우선순위가 필요합니다. 우선순위가 잘못되면 우리의 삶은 실패하게 됩니다.

예수 그리스도께서는 우선순위를 어디에 두라고 말씀하십니까?

☞ 누가복음 10장 38~42절을 읽으세요(P.111). ______________________

____

2. 시간을 경건하게 사용하자

우리 사회에는 사치와 낭비와 방종을 하는 사람들이 우세해 보이고 매력있어 보이는 풍조가 일어나고 있습니다. 하나님을 위해 경건하게 시간을 보내면 왠지 시대에 뒤떨어진 느낌을 받을 때도 있습니다. 그러나 우리는 이럴 때일수록 하나님께 드리는 경건의 시간을 마련해야 합니다. 새벽예배, 가정예배, 말씀공부 등으로 우리의 자신을 정결하게 해야 합니다. 그러면 하나님을 기쁘시게 하기 위해서, 우리는 어떻게 해야 합니까?

☞ 에베소서 5장 18~20절을 읽으세요(P.315).

3. 시간을 규칙적으로 사용하자

똑같이 한정된 시간을 좀 더 많이 활용하기 위해서는 규칙적인 생활이 필요합니다. 중요한 일을 먼저 하고, 주님께 영광 돌리는 일을 먼저 하는 규칙적인 생활은 시간을 사용하는 지혜인 줄 믿습니다. 하나님께서는 우리를 창조하고 다스리시는 데에 계획성 있게 하셨습니다. 우리의 계획 속에서 사치에 속하거나 급하지 않은 일을 붙잡고 아등거리지 않기 위해서는 어떻게 해야 합니까?

다음의 말씀을 읽어봅시다.

☞ 에베소서 5장 10절을 읽으세요(P.315).

4. 시간을 아끼라

우리에게 주어진 시간을 알차게 쓰기 위해서는 보통사람들보다 더욱 부지런해야 합니다. 남들이 하는 정도만큼 하면 결단코 다른 사람을 앞질러 갈 수 없습니다. 믿는 자는 믿지 않는 자보다 더욱 부지런하고 약속을 철저하게 지켜야 합니다. 이런 자라야 시간을 아껴서 사용하는 지혜로운 성도라고 할 수 있습니다. 성경은 왜 시간을 아껴 쓰라고 합니까?

☞ 에베소서 5장 16절을 읽으세요(P.315).

5. 시간을 통해 하나님께 헌신하자

물질로 하나님께 헌신하는 것은 십일조와 감사헌금을 통해 이루어지듯이, 시간으로 하나님께 드려지는 헌신은 일주일의 7분의 1인 주일을 성수하는 것과 하루의 생활 속에서 우리에게 주어진 기간 중에 주님께 영광 돌리는 일에 우선순위를 두고 하나님께 나의 시간을 드려 충성, 헌신하는 것이 중요합니다.

만약에 하나님께 드려지는 것이 아닌 것이라면 단호하게 거절할 수 있어야 합니다. 신자가 시간이라는 하나님의 선물을 다시 하나님께 돌려드리기 위해서 어떻게 해야 할 것인가에 대해, 다음을 읽고 생각해 봅시다.

☞ 로마서 12장 11~12절을 읽으세요(P.256).

나눔의 시간

1. 당신은 이번 공부를 통해서 무엇을 배웠으며 무엇을 결단하였습니까?

2. 시간의 우선순위를 주님께 두고 헌신하기 위해서 필요한 결단에는 무엇이 있는지 나눠봅시다.

제15과

청지기와 재능(은사)관리

● 본문 : 벧전 4:10~11(P.381)
● 찬송 : 288(통204), 257(통189), 384(통434)

할렐루야! 전도합시다!

예화

주방장의 교회봉사

어떤 교회가 새롭게 부흥되는 것으로 소문이 났습니다. 사람들은 그 교회에 가면 사랑이 많고, 교제가 즐겁다고 했습니다. 하루는 이웃 교회를 담임하고 있는 친구 목사가 그 교회 담임목사에게 물었습니다. "목사님, 요즘 교회가 날마다 부흥한다고 하던데, 그 비결이 무엇입니까?" 그러자 그 목사님은 친구 목사를 불러 주방으로 안내했습니다. 주방에는 땀을 뻘뻘 흘리면서 토요일인데도 불구하고 교회에 나와서 열심히 음식준비를 하고 있는 젊은 남자 집사가 있었습니다. 그 모습을 보여주면서 친구 목사에게 말했습니다. "우리 교회에는 저렇게 자기의 재능에 따라서 각 분야에서 헌신하여 봉사하는 집사님들이 많이 있답니다."

하나님께서는 모든 사람들에게 재능(은사)이라는 선물을 주셨습니다. 아름다운 구역, 아름다운 교회의 비결은 자기에게 주어진 재능(은사)을 개발하여 하나님의 나라를 위해 활용하는 데 있습니다. 신자는 내가 주님을 위해서 무엇을 할 수 있을지 기도하면서 발견하여 그것에 따라 봉사하는 아름다운 신앙자세가 필요합니다.

그렇다면, 주님께서 주신 재능을 어떤 자세를 가지고 헌신할 것입니까?

1. 겸손한 자세로 재능을 사용하자

루시퍼(음악을 담당한 천사)는 자신의 아름다운 음악적 재능을 가지고 교만하여 하나님을 대적하다가 하나님의 진노를 받아 이 세상으로 쫓겨나는 징벌을 받았습니다. 하나님께서 우리에게 주신 고귀한 재능을 겸손이라는 보자기에 곱게 포장하여 사용해야 합니다. 겸손이 없으면 재능을 주신 하나님의 선하신 뜻을 상실하게 되는 결과를 가져옵니다. 좋은 재능을 아름답게 활용하기 위해서는 겸손이라는 미덕이 필요합니다. 겸손의 미덕은 하나님과 사람 앞에서 칭찬받는 아름다운 신앙의 모습입니다.

다음 성경을 읽고, 겸손에 대한 말씀의 교훈을 살펴봅시다.

☞ 빌립보서 2장 1~4절을 읽으세요(P.319).

2. 하나님께 거저 받았으니 거저 드리자

사람은 이 세상에 태어날 때, 빈손으로 태어납니다. 어린 아이가 점점 성장하여 성년이 되어감에 따라 재능이 눈에 띄게 나타나고, 이 재능이 전문화 혹은 다양화로 자리를 잡게 됩니다. 이처럼 하나님께서는 일상생활이라는 수단을 통하여 우리에게 여러 가지 형태의 재능을 거저 주십니다. 어떤 이는 "내가 돈을 들여서 습득한 재능인데, 어떻게 거저 받았다고 할 수 있겠느냐?"라고 할는지 모르지만, 하나님께서 주신 천성적인 재능에 따라 돈을 지불하고 재능을 개발하였기 때문에 재능을 거저 받았다고 말할 수 있습니다. 그러나 물질 또한 주님의 것이라는 것을 기억합시다. 거저 받은 재능을 하나님께 드리기 위한 성도의 자세는 무엇인지 성경을 찾아봅시다.

☞ 고린도전서 15장 10절을 읽으세요(P.282). ______________________

____

3. 자기만족이나 자랑을 위해 쓰지 말고 하나님을 위해 쓰자

좋은 재능을 소유한 사람은 명예와 부귀 등을 이 세상에서 얻을 수 있습니다. 그러나 좋은 재능을 가진 사람일수록 하나님을 위해 더욱 많이 드려야 합니다. 하나님께 재능을 사용하는 것이 가장 명예스럽고 영광스러운 일이라고 생각하며 살아갑시다. 자기만족을 위해 사용하는 재능은 일순간이지만, 하나님을 위해 사용하는 재능은 오랫동안 기쁨과 보람이 지속될 것입니다. 성도가 하나님을 기쁘시게 하기 위해 어떻게 해야 할지 성경을 찾아봅시다.

☞ 고린도전서 10장 31절을 읽으세요(P.276). ______________________

____

4. 교회의 덕과 그리스도의 몸을 세우기 위해서 사용하자

재능의 최종적인 목적은 교회의 덕을 세우고 그리스도의 몸을 세우는데 있다고 해도 과언이 아닙니다. 왜냐하면, 교회는 재능을 부여받은 하나님의 백성들이 그리스도 안에서 교제하며 생활하는 곳이기 때문입니다. 하나님께서는 성도가 서로 합력하여 선을 이루는 것을 기뻐하십니다.

자신이 소유한 모든 재능을 교회 안에서 사용하여 그리스도의 몸을 세우는 것은 선한 청지기의 아름다운 자세입니다.

재능을 맡은 청지기가 교회에서 그리스도의 몸을 세우기 위해 어떻게 해야 하겠습니까?

☞ 베드로후서 1장 5~7절을 읽으세요(P.384). ____________

____

나눔의 시간

1. 이 시간을 통하여 당신은 무엇을 얻었으며, 당신의 결심은 무엇입니까?

2. 주님의 몸 된 교회를 위하여 당신이 할 수 있는 일은 없는가를 찾아보고, 의논해 봅시다.

제16과

청지기의 생활과 복음관리

● 본문 : 롬 1:16~17 (P. 239)

● 찬송 : 182(통169), 185(통179), 261(통195)

할렐루야! 전도합시다!

예화

터마이트 개미

미국 캘리포니아에 사는 어떤 집사님은 잠을 자고 일어난 후, 아침이 되어 창문을 열고 밖을 쳐다보고 깜짝 놀랐습니다. 이웃에 조그만 목조 빌딩이 있었는데, 그 빌딩 전체를 하얀 비닐로 감싸 덮고 사람들이 해충방역작업을 하고 있었습니다. 처음 보는 장면이라 궁금하여 자세히 알아보니 그곳에는 흰개미 터마이트가 살고 있기 때문에 방역작업을 하고 있다고 했습니다. 미국에는 목조 건물이 많습니다. 터마이트는 작은 흰 개미인데, 이 개미는 목재를 갉아먹고 삽니다. 터마이트 흰 개미가 건물 안에 서식하는 것을 그대로 방치하게 되면 수년간 조금씩 갉아먹게 되고, 결국에는 건물 지붕의 대들보나 기둥 같은 나무를 파먹어서 나무는 껍데기만 남게 되고, 그로 인해 건물전체가 붕괴되는 위험에 처하게 된다는 것입니다.

우리 인생에도 작은 터마이트가 있습니다. 우리는 살아가면서 작다고 그것을 내버두면 안 됩니다. 터마이트 흰 개미와 같은 죄악들을 오랫동안 내버려두면 결국에는 내 가정, 인생, 사회를 병들게 하며 패망의 길로 갈 수도 있습니다. 복음은 바로 인생의 터마이트와 같은 죄악을 몰아내고 하나님의 자녀로서 거듭나는 새 삶을 살게 합니다. 그래서 복음을 기쁜 소식이라고 합니다.

그렇다면, 우리는 내게 맡겨주신 복음에 대하여 어떻게 해야 하겠습니까?

1. 복음에 대한 체험이 있어야 한다

예수 그리스도를 영접하고 하나님의 백성이 된 사실이 없는 자는 복음의 참된 의미를 알 수 없습니다. 먼저 우리가 복음을 맡은 자로서 사명을 감당하려면 복음에 대한 깊은 체험이 있어야 합니다. 복음에 대한 체험을 정의한다면, 예수 그리스도를 영접하면서 생활이 변화되는 사실이라고 할 수 있습니다. 성경에 나타난 사건을 보면, 복음을 받아들여서 변화된 사람들이 많습니다. 다음의 말씀을 통해서, 사울(바울)의 변화되는 상황을 이야기 해 봅시다.

☞ 사도행전 9장 1~9, 19~22절을 읽으세요(P.202~203). ______________________

____

2. 복음에 충만해야 한다

복음을 맡은 자는 항상 복음 속에서 풍성하게 살아야 합니다. 영적으로 빈약하거나 빈곤한 생활이 아니라 복음 속에 묻혀서 충만한 삶을 살아야 합니다. 매일 복음으로 충만하여 기쁨이 넘치는 삶을 살아갈 때, 우리의 생활이 항상 윤택해질 것입니다. 복음이 충만한 자는 어떠한 삶을 살 수 있는지, 성경대로 대답해 봅시다.

☞ 고린도후서 4장 16절을 읽으세요(P. 290). ____________________

____

3. 복음이 변질되지 않도록 지켜야 한다

마귀는 자꾸만 복음의 내용, 성질 등이 변질되도록 공격합니다. 우는 사자와 같이 삼킬 자를 찾아다니는 마귀는, 영적인 눈만 감으면 기쁜 소식을 절망의 소식으로 바꾸어 버립니다. 복음을 맡은 자는 아름답고 선한 소식인 구원의 참된 말씀을 꼭 지켜야 합니다.

☞ 디모데후서 1장 11~14절을 읽으세요(P.343). ____________________

____

4. 복음을 듣지 못한 자들에게 듣도록 전해야 한다

복음을 체험하여 그 은혜에 감격한 자는 항상 복음에 충만하여 즐겁고 기쁜 마음으로 담대하게 전해야 합니다. 오늘날 예수 그리스도를 알고 있지만 구주로 영접하여 삶의 주인으로 삼는 자는 거의 많지 않습니다. 성도들은 기쁜 소식을 아직도 듣지 못했거나 믿지 않는 자들에게 최선을 다해 전해야 합니다. 그 이유는 무엇인지 생각해 봅시다.

☞ 고린도전서 1장 21절을 읽으세요(P.264). ____________________

____

☞ 디모데후서 4장 2~3절을 읽으세요(P.346).

5. 복음의 열매를 맺어야 한다

주님께서는 어떤 일이든지 맡겨주시면, 다시 그 결과를 찾으십니다. 무화과나무에서 열매를 찾으셨고, 달란트를 분배해 주고 그 결과를 점검했던 대로 분명히 우리에게 복음을 맡겨 주시고 그 결과에 대한 열매를 찾으실 것입니다.

※ 우리가 복음의 열매를 맺으려면 어찌해야 하겠습니까?

☞ 누가복음 14장 23절을 읽으세요(P.120).

※ 주님은 복음의 열매를 맺은 사람에게 어떤 대우를 해 주십니까?

☞ 다니엘 12장 3절을 읽으세요(P.1255).

나눔의 시간

1. 오늘의 공부를 통해서 느낀 점을 말해 봅시다.

2. 우리 이웃의 전도할 대상자는 누구일까요? 함께 토의해 봅시다.

제17과

청지기와 재물관리

● 본문 : 딤전 6:17~19 (P.342)

● 찬송 : 353(통391), 347(통382), 212(통347)

할렐루야! 전도합시다!

예화

최초의 대서양 횡단

대서양을 세계 최초로 비행기로 횡단한 사람이 있었습니다. 린드버그라는 사람인데, 그가 횡단하기 전에 수많은 사람들이 시도를 했었지만, 모두가 실패를 했고, 많은 사람이 목숨을 잃기도 했습니다. 그런 어려운 상황에서 대서양을 횡단했으니, 그는 일약 영웅으로 떠올랐습니다. 한번은 그가 프랑스를 방문했습니다. 그런데, 그곳에서 담배회사 직원이 찾아와서 자기회사의 담배를 입에 물거나 손에 끼고 포즈를 취해 주면 $50,000를 주겠다고 제안을 했습니다. 하지만 그는 진실한 크리스천이었기 때문에 그 유혹을 과감하게 물리쳤습니다. 큰 물질을 앞에 두고 포기한 그의 어리석음을 비난하는 사람들도 있었습니다. 하지만 그의 진실한 소식을 들은 세계의 많은 독지가들이 그를 위한 모금을 시작했습니다. 나중에 그 모금액은 $100,000를 넘어섰다고 합니다.

우리가 이 세상을 살아가기 위해서 필요한 것 중의 하나가 물질입니다. 물질은 우리 생활에 없어서는 안 될 필수적인 요소입니다. 물질은 취득하는 방법이 매우 중요합니다. 뿐만 아니라, 물질은 사용자에 따라 악이 될 수도 있고 선이 될 수도 있는 양면성을 가지고 있습니다. 우리가 재물을 바로 관리하고 사용하기 위해서 알아야 할 몇 가지 사항이 있습니다.

1. 재물의 소유주를 바로 알아야 한다

우리 사회에서 활용되고 있는 물건 중 모든 것에는 그 소유주가 있습니다. 특별히 귀중한 것일수록 소유주가 확실하고 명백하게 규명되어 있습니다.

성경에서는 우리 자신이 하나님의 소유된 백성으로서 하나님의 피조물이라고 가르칩니다. 뿐만 아니라 우리가 가진 모든 것의 주인은 하나님이시라는 사실입니다. 다음의 성경에서는 특별히 우리가 가진 것 중에 무엇이 하나님의 소유라고 합니까?

다음을 읽고, 말씀의 의미를 생각해 봅시다.

☞ 역대상 29장 12절을 읽으세요(P.653). ______________________

____

2. 재물의 관리를 어떻게 할 것인가?

우리는 재물의 주인이 누구인가를 배웠습니다. 그렇다면 우리가 가진 모든 것이 내게 있다고 해서 내 것이 아니고, 우리는 단지 관리자일 뿐이라는 것도 알게 되었습니다. 우리는 관리자를 청지기라고 합니다. 청지기에는 두 종류가 있습니다. 첫째는 선한 청지기요, 둘째는 악한 청지기입니다.

※ 선한 청지기와 악한 청지기의 차이점을 생각해 보십시오.

※ 디모데전서 6장 17~19절을 읽고, 선한 청지기의 삶을 살펴보십시오 (P.342).

3. 재물을 올바로 사용하는 방법을 알아봅시다

① 낭비하지 말고 절제하면서 사용해야 합니다.

하나님께서 맡겨주신 재물을 사치와 낭비로 말미암아 다른 사람들로 하여금 실망이나 허망감을 조성하게 하지 말고, 옳게 분별하여 절제하면서 사용해야 합니다.

② 다른 사람이나 이웃을 위한 선한 사업에 사용해야 합니다.

구두쇠라는 말이 있습니다. 이 말은 베풀지 못하는 자들에게 주어지는 이름입니다. 참으로 부끄러운 것은, 자기만을 위한 삶을 살고 타인의 어려움에 대해서는 뒤돌아보지 않는 것입니다. 재물이 있는 자는 역경에 처해 있는 자들을 위해 주님의 이름으로 선한 사업을 하는 것이 청지기의 아름다운 신앙인 것입니다.

③ 영적인 삶에 우선권을 두고 사용해야 합니다.

모든 일에 있어서 신앙인에게는 영적인 삶이 뒤따르게 됩니다. 육적인 생활은 사람을 바라보고 하는 일이지만, 영적인 일에는 하나님을 기쁘시게 하는 요소가 있습니다. 물질을 사용하는 문제에 있어서도 하나님을 기쁘시게 하는 영적인 삶에 우선권을 두기 위해 어떻게 해야 하겠습니까?

☞ 고린도후서 8장 2~5절을 읽으세요(P.293~294). ________________

____

④ 하나님 나라의 확장사업에 사용해야 합니다.

천하보다 귀한 것이 사람들의 생명입니다. 그러나 온 천하를 얻고도 자기 목숨을 잃어버리면 그 사람의 삶은 아무런 가치가 없습니다. 만약에 우리가 소유한 물질로 한 사람의 영혼을 구원했다면 이보다 더 귀한 일이 없을 것입니다. 하나님 나라의 확장사업을 위해서 쓰이는 물질로 말미암아 한 생명이 구원되었다면 천국에서는 어떤 일이 일어나며 우리에게 어떤 축복이 임합니까?

☞ 누가복음 15장 6~7절을 읽으세요(P.121). ________________

____

⑤ 천국을 바라보며 사용해야 합니다.

현실에서 하나님을 위해 사용하는 많은 재물은 천국창고에 저축하는 것입니다. 분명히 천국에서 그에 대한 보상을 천만 배로 주심을 믿고 나아갑시다. 이 세상에 쌓아 두는 재물에는 좀과 동록이 해하기 쉽습니다. 천국에 재물을 쌓는 것은 어떤 것이라고 생각합니까?

☞ 마태복음 6장 19~21절을 읽으세요(P.9). ________________

____

나눔의 시간

1. 오늘 공부한 것을 통해 얻은 것과 느낀 점을 이야기해 봅시다.

2. 당신은 청지기로서의 재물에 대하여 배우기 전에는 어떤 생각을 가지고 있었습니까? 오늘의 공과를 배우고 난 이후에 생각이 어떻게 달라졌는지 말해 봅시다.

제18과

청지기와 직분관리

● 본문 : 딤전 3:10~13(P.339)
● 찬송 : 185(통179), 211(통346), 390(통444)

할렐루야! 전도합시다!

예화

한 달 동안 기도해 보세요.

모 교회에서 년초에 직분자를 임명했습니다. 예배가 끝나고 목사님을 찾아온 성도가 있었습니다. 금년에 새롭게 집사직으로 임명받은 사람이었습니다. 목사님을 찾아온 그 집사가 말했습니다. "목사님, 저는 믿음이 없어요. 그런 내가 어떻게 집사의 직분을 감당할 수 있겠습니까? 그러니까, 저의 집사직분을 거두어 주세요." 그 말을 들은 목사님이, "집사님, 좋습니다. 앞으로 한 달간만 열심히 기도하면서 집사의 직분을 감당해 보세요. 그런데도 도저히 할 수 없겠다면 그때에 사표를 내세요. 그러면 받아들이겠습니다" 라고 말했습니다. 그렇게 하겠다고 하면서 나간 그 집사님은 1년을 다 채우도록 사표를 내겠다는 말없이 열심히 충성했다고 합니다.

교회에서의 직분은 다양합니다. 집사, 장로, 성가대원, 회장 등등 수없이 많은 직분이 있습니다. 그런데, 그 모든 직분을 교회의 담임목회자가 임명하는 것처럼 보이지만, 그 배후에서 눈에 보이지 않지만 교회의 주인이 되신 주님께서 임명하시는 것입니다. 그러므로 직분자가 내게 주신 직분을 잘 감당할 때에 그 직분은 은혜와 축복이 됩니다.

1. 준비된 직분자를 하나님께서는 쓰신다

어떠한 단체이든지 사용되는 인물은 그 사회에 맞도록 훈련되고 준비된 자를 채용합니다. 교회에서 하나님께서 사용할 때에도 마찬가지입니다. 신앙으로 그 자격을 갖춘 자에게 직분을 맡겨 주십니다.

다음을 읽고, 하나님께 쓰임 받는 직분자들이 갖추어야 할 자격을 생각해 봅시다.

☞ 디모데전서 2장 1~9절을 읽으세요(P.338~339). ________________

____

2. 직분에 맞는 직무를 수행해야 한다

자신에게 맡겨진 직분에 따라서 최선을 다하는 것은 하나님 나라에 상을 쌓는 것과 같습니다. 어떤 자들은 자신이 해야 할 직무가 무엇인지도 모르고 교회생활을 합니다. 의례적으로, 존칭적으로만 직분이 쓰이기를 원하고 직무를 수행하지 못하는 경우도 있습니다. 기본적으로 직분을 소유한 자들이 해야 할 직무는 무엇입니까?

☞ 고린도전서 4장 1~2절을 읽으세요(P.266). ________________

____

☞ 말라기 3장 10~12절을 읽으세요(P.1330).

3. 직분자들은 모든 믿는 자와 믿지 않는 자의 귀감이 되어야 한다

주님께서는 우리에게 빛이요 소금이라고 하셨습니다. 특별히 직분자들에게는 절실하게 느껴져야 할 말씀입니다. 주님의 직분을 맡은 자는 세상에서 삶의 모델이 되어야 할 것입니다.

☞ 로마서 14장 17~19절을 읽으세요(P.259).

4. 봉사의 일을 담당하는 직분자가 되어야 한다

직분은 주님의 몸 된 교회의 하나님을 위해 봉사하는 데 필요하도록 하나님이 주신 선물입니다. 직분을 귀하게 여기고 오직 주님을 위해 사용해야 합니다. 봉사의 일을 담당하는 것은 결과적으로 자신에게 많은 유익이 오게 됩니다. 직분자가 봉사의 일을 성실히 하면 어떤 축복이 임합니까?

☞ 디모데전서 3장 13절을 읽으세요(P.339).

5. 목회자를 협력하여 하나님을 섬겨야 한다

직분이 교회에서 필요한 까닭은 목회자를 협력하여 주님의 몸 된 교회가 부흥발전하도록 함에 있습니다. 어떤 직분자들은 자신이 소유한 직분을 오해하여 교회 내에서 물의를 일으키기도 하지만, 분명히 직분은 목회자를 협력하여 하나님과 교회를 섬기는 데 사용하라고 하나님께서 주신 것입니다. 우리가 목회자를 협력하여 교회를 섬기기 위해 어떻게 해야 할지 생각해 봅시다.

☞ 로마서 16장 3~4, 17~19절을 읽으세요(P.261-262).

나눔의 시간

1. 오늘의 공부를 통해 깨달은 점이나 자신의 결심을 이야기 해 봅시다.

제19과

청지기와 헌신봉사

● 본문 : 고전 15:57~58(P.284)
● 찬송 : 216(통356), 285(통209), 212(통347)

할렐루야! 전도합시다!

예화

청소하면 감격이 와요.

매주 토요일만 되면 교회에 와서 청소를 하는 집사님 부부가 있었습니다. 그것도 하루 이틀이 아니라, 수년간 한 주도 빠짐없이 그렇게 하고 있었습니다. 하루는 목사님이 그 집사님 부부가 청소하는 모습을 보고 말했습니다. "집사님, 고마워요. 이렇게 교회를 사랑해 주시니." 그랬더니, 그 집사님 부부가 말했습니다. "목사님, 우리는 가진 것이 하나도 없어요. 그래서 기도하면서 우리가 몸을 드려서 교회에 봉사할 것을 찾은 것입니다. 교회에서 청소를 할 때마다 주님의 몸된 전에서 우리 같이 가난한 사람들도 할 수 있는 것이 있다는 것에 너무 감격, 감사합니다."

신자가 주님을 위해서 하는 봉사와 헌신에는 큰 감격이 따릅니다. 그것은 나같은 죄인을 구원해 주신 주님의 은혜를 생각할 때의 큰 기쁨과 즐거움입니다.

그렇다면, 신자가 주님 앞에서 어떻게 헌신과 봉사를 감당할 것입니까?

1. 주님의 뜻을 성취하려는 데 초점을 두자

성도가 어떤 일을 할 때에는 반드시 주님의 뜻을 성취하려는 믿음을 가져야 합니다. 내 마음에 조금만 맞지 않아도, 내 기분이 조금 상해도, 방해세력과 조롱이 올지라도 오직 주님의 뜻이 성취된다면 성도들은 기뻐할 줄 알아야 합니다. 봉사를 명예와 축복을 받기 위해서 할 수도 있지만, 참된 성도들이라 한다면 여기에 목적을 두지 않고 주의 뜻이 이루어지기를 바라는 마음으로 봉사를 할 것입니다.

그렇다면 주님의 뜻을 성취하기 위한 성도들의 자세는 어떤 것인지 살펴보도록 합시다.

다음을 읽고, 말씀의 의미를 생각해 봅시다.

☞ 로마서 12장 11절을 읽으세요(P.256). ______________________

____

2. 은혜에 감격하는 자세로 임하자

성도들이 은혜스러운 입장에서 봉사하게 되면 될수록 감사가 넘치고 기쁨이 넘치지만, 자기 공로를 위해서 봉사를 하게 되면 교만해 질 수도 있으며 좌절에 빠질 수도 있습니다. 성도들이 평생토록 봉사하기 위해서는 은혜에 감격하여 감사하는 마음으로 해야 합니다. 평생토록 은혜에 감격하여 봉사하기 위해서는 어떻게 해야 하겠습니까?

☞ 사도행전 4장 31절을 읽으세요(P.193). ________________

____

3. 육신의 것을 초월하자

성도가 하나님께 봉사를 하게 될 때, 환경의 문제, 명예의 문제, 물질의 문제, 의식주 문제, 건강의 문제들 때문에 온전하게 봉사하지 못하는 경우가 있습니다. 육신에 속한 이러한 일들을 철저하게 초월하는 것이 하나님께로 향한 진정한 봉사의 자세가 될 것입니다. 육신은 장막과 같아서 머지않아 벗어버려야 합니다. 영원한 장막을 바라보기 위해, 그리고 초월하기 위해 성도들은 어떻게 해야 하겠습니까?

☞ 골로새서 3장 2절을 읽으세요(P.326). ________________

____

4. 변함없는 마음을 갖자

아름다운 색상이나 맛있는 음식이라도 색깔이 변하고 맛이 변하면 버리거나 바꿔버리는 것이 우리들의 생활방식입니다. 성도들도 마찬가지입니다. 성도들의 마음이 변하면 하나님께서는 다른 방법을 택하시게 됩니다. 변함없이 지속적으로 봉사하는 자를 사랑하시어 더 큰 것으로 맡겨주십니다. 변함없이 봉사하기 위해서는 어떻게 해야 하겠습니까?

☞ 잠언 4장 23절을 읽으세요(P.914). ________________

____

5. 하늘의 상을 바라보자

일을 할 때 보람도 없고 수고에 대한 대가를 지불받지 못하는 일은 하기는 하지만, 즐거움보다는 의무감이나 당위성 때문에 할 것입니다. 하나님의 사업도 이와 같은 것입니다. 그래서 바울은 푯대를 향하여 그리스도 예수 안에서 하나님이 위에서 부르신 부름의 상을 위하여 좇아간다고 하였습니다. 분명히 성도에게는 그 봉사에 대한 대가가 천국에 준비되어 있습니다. 봉사하는 성도에게 예비된 상은 무엇이겠습니까?

다음을 읽고 그 의미를 생각해 봅시다.

☞ 요한계시록 2장 10절을 읽으세요(P.400). ____________________

____

☞ 베드로전서 5장 4절을 읽으세요(P.382). ____________________

____

나눔의 시간

1. 오늘의 공부를 통해서 느낀 점을 말해 봅시다.

2. 우리의 봉사에 있어서 감격 있는 봉사자세가 되기 위한 모습은 어떤 것인가를 생각해 봅시다.

제20과

주님의 지상명령과 전도

● 본문 : 막 16:14~20(P.85)
● 찬송 : 242(통233), 260(통194), 259(통193)

할렐루야! 전도합시다!

예화

신약과 구약

김익두는 청년시절에 깡패생활을 하며 행실이 못된 것으로 소문났습니다. 하지만 그가 예수를 믿은 후로는 변화되어 신학을 하고 목사가 되었습니다. 술고래였던 김익두는 예수를 믿은 후로 술을 딱 끊었는데, 하루는 옛날 술 친구들이 찾아왔습니다. "익두, 한 잔 하러 가세." "아니야, 요즘 나는 약을 먹고 있어서 술을 먹고 싶어도 못마시네." "아니, 자네같이 건강한 사람이 무슨 약이라니, 무슨 약을 먹는단 말인가! 어디 많이 아픈가?" "응, 나는 요즘 술과 담배를 끊는 약을 먹고 있네." "그게 무슨 약인데!" "응, 하나님의 말씀인 신약과 구약일세!" "……"

하나님의 말씀인 복음은 그것을 접하는 사람을 변화시켜서 구원받게 하고, 천국백성이 되게 하는 능력이 있습니다. 그래서 예수님은 이 땅을 떠나 하나님 나라로 승천할 때가 된 줄 아시고, 제자들에게 나타나 지상최후의 유언인 명령을 하시고 승천하셨습니다.

1. 주님의 최후명령

예수님이 죽은 자 가운데서 살아나신 부활사건 후에, 제자들은 이 땅위에 이스라엘을 통한 하나님 나라가 도래할 것을 기대했습니다. 하지만 주님의 생각은 제자들과 달랐습니다.

주님은 이스라엘이 중심이 된 지상낙원이 아니라, 주의 복음을 통한 회개의 역사가 예루살렘으로부터 시작하여 온 세상에 전파되어 이 땅 위에 죽어가는 영혼을 구원하기 원하셨던 것입니다.

① 다음을 읽고, 주님께서 제자들을 꾸짖으신 이유가 무엇인지 살펴보십시오. ______

☞ 마가복음 16장 14절을 읽으세요(P.85). ______

______

② 주님은 제자들을 일깨워 무엇을 유언으로 남겼는지 살펴보십시오.

______

☞ 마가복음 16장 15절을 읽으세요(P.85). ______

______

2. 최후 지상명령을 주신 이유

제자들은 하나님 나라의 도래가 육적으로 올 것을 기대했습니다. 그들은 당시 식민지였던 로마로부터의 해방을 꿈꾼 것입니다. 그래서 저들은 "주께서 이스라엘을 회복하실 때가 언제입니까?"(행 1:6)라고 질문을 했던 것입니다. 하지만 주님의 뜻은 이 땅의 천국 도래가 아닙니다. 이 땅은 세상의 종말에 불타버리고 맙니다. 그러면 무엇이 중요한 일입니까? 주님은 이 세상이 불탈 때에 함께 불타 죽고 말지도 모를, 죽어가는 영혼 구원에 깊은 관심을 갖고 계신 것입니다. 그래서 예수님께서 복음을 전하라고 하셨고, 그것을 통해 이 땅에 있는 동안 하나님 나라의 확장을 꾀하려고 하신 것입니다.

다음을 읽고, 주님이 최후명령을 주신 이유를 살펴보십시오.

☞ 마가복음 16장 16절을 읽으세요(P.85). ________________

____

☞ 마가복음 16장 17~18절을 읽으세요(P.85). ________________

____

☞ 누가복음 24장 45~48절을 읽으세요(P.141). ________________

____

3. 복음전파를 위해 필요한 것들

예수께서 주신 여러 가지 명령 가운데 가장 중요한 명령은, '예수복음 전파' 입니다. 오늘날과 같은 많은 성도들의 문제점은 신앙생활을 하면서도 예수복음은 전하지 못하는 데 있습니다. 이 사명을 잘 감당하기 위해서는 어떤 것이 중요시되는지를 생각해 봅시다.

① 복음전도는 어떤 특정한 사람만 할 수 있는 것이 아니고, 누구나 내가 체험한 예수를 전하기만 하면 되는, 아주 쉬운 것입니다.

② 우리가 복음전도를 보다 쉽게 하려면 내 힘만으로는 부족할 때가 많습니다. 그러므로 담대히 입을 벌려 복음의 나팔수가 되려면 다음의 말씀에 귀를 기울이는 것이 중요합니다.

☞ 누가복음 24장 49절을 읽으세요. ______________________

____

☞ 사도행전 1장 8절을 읽으세요(P. 187). ______________________

____

③ 우리가 복음전파를 더욱 확신 있게 하려면 자랑하는 입술을 가져야 합니다(예수자랑, 교회자랑, 목자자랑, 구역 및 성도자랑).

나눔의 시간

1. 우리가 전도를 위해 자랑할 것이 무엇인지 토의해 보고 5가지 이상을 내 것으로 완전히 소화하여 전도시 사용해 보십시오(단, 부정적인 대화는 금물).

2. 구역전도계획을 세워보십시오.

제21과

전도의 중요성과 시급성

● 본문 : 막16:15~16(P.85)
● 찬송 : 257(통189), 259(통193), 268(통202)

할렐루야! 전도합시다!

예화

죽어서라도 좋은 데 갈 수 있어서...

2007년 7월 미국 독립기념일에 버지니아의 한 가정에서 남편이 아내를 살해하는 끔찍한 사건이 일어났습니다. 서로 별거하던 부부가 그날에 다시 합하기로 하였는데, 사소한 말다툼 끝에 그런 엄청난 사건이 일어났던 것입니다. 죽은 부인의 가족들은 땅을 치며 통곡하고 그 부인의 장례를 치르면서, “그녀가 인근에 사는 사람의 전도로 최근 교회를 다시 다니기 시작했다”라는 말을 했습니다. 천만다행으로 그런 은혜로 그녀는 기독교 공원묘지에 안장될 수 있었습니다. 가족들은 “죽어서라도 좋은 곳에 갈 수 있어서 그나마 마음에 위안이 돼요”라고 말했습니다.

사람들은 남들에게 일어나는 불행을 보면서도, 그것은 자기와는 상관없는 일로 여기며 항상 안일하게 살아갑니다. 그러나 인생은 이 땅에서 영원토록 천년만년 살 수있는 존재가 아닙니다. 태어난 날이 있으면, 다시 가야 할 날이 반드시 옵니다. 부자나 가난한 자나, 누구나 언젠가는 이 땅을 떠나야 합니다.

오늘은 예수께서 복음전도를 중시하고, 시급히 여기신 이유를 살펴보도록 합시다.

1. 이 땅에는 영원토록 존재하는 것이 아니라 반드시 종말이 있기 때문이다

오늘날 많은 사람들이 착각하며 사는 것이 하나 있는데, 그것은 이 세상이 영원무궁토록 존재하리라는 생각입니다. 그러나 우리가 분명히 기억해야 할 것은, 이 땅은 하나님께서 정한 날까지만 간수하신 바 된다는 것입니다. 그 후에는 반드시 심판과 종말이 있습니다. 오늘날 많은 사람들의 입에서 오르내리는, "이제는 말세야!" 또는 "세상은 더 이상 살 수 없어!" 등의 말은 우연한 일만은 아닌 것입니다. 그러므로 성도는 이 땅에 소망을 두고 살 것이 아니라 하늘에 소망을 두고 살도록 널리 복음을 전해야 합니다.

☞ 베드로후서 3장 8~10절을 읽으세요(P.387). ____________________

____

☞ 베드로후서 3장 1~7절을 읽으세요(P.386~387). ______________

____

2. 모든 사람에게 최후의 심판이 있기 때문이다

농부가 농사를 짓는데, 심거나 가꾸기만 하지 않습니다. 반드시 추수를 하고 알곡과 쭉정이를 구분해서 알곡은 창고에 들이고 쭉정이는 불태워 버립니다. 마찬가지로, 하나님께서 이 세상에 인간을 두신 이유는 인간농사를 지음이니까, 영원토록 그냥 내버려 두심이 아니라 반드시 최후 심판이라는 추수 때가 있는 것입니다. 이때 신자는 천국 곡간으로, 불신자는 지옥 불구덩이로 보내지게 됩니다. 그러므로 우리는 이 일이 이르기 전에 시급히 복음을 전해야 합니다.

다음을 읽고, 복음 전파의 시급성과 중요성에 대해 살펴보십시오.

☞ 히브리서 9장 27절을 읽으세요(P.362).

☞ 마가복음 9장 43~48절을 읽으세요(P.70).

☞ 요한복음 5장 24절을 읽으세요(P.150).

3. 한 영혼이 천하보다 귀하기 때문이다

예수님께서는 사람의 영혼 하나가 우주를 주고도 바꿀 수 없을 정도로 귀중함을 가르치십니다(마 16:26). 하지만 아무리 귀중한 것이면 뭣하겠습니까? 문제는 그 영혼이 멸망받을 수밖에 없다면 아무 소용이 없게 됨입니다. 이것은 마치 아무리 귀중한 것도 불타버리면 소용없게 됨과 같습니다.

우리는 우리에게 주신 귀중한 생명을 참으로 귀히 여기되, 또한 죽어가는 영혼도 귀중히 여겨야 합니다. 우리가 죽어가는 영혼을 귀중히 여기고 사랑하는 것은 그 어떤 것을 주는 것보다도 그들의 영혼을 구원시켜 주는 데 있습니다.

다음을 읽고, 복음전파의 중요성에 대해 살펴보십시오.

☞ 로마서 10장 13~15, 17절을 읽으세요(P. 253). ______________________

____

나눔의 시간

1. 오늘 공부를 통해 느낀 점을 말해 봅시다.

2. 종말이 다가오는 이때, 당신의 영적 준비는 되어 있습니까?

제22과

예수 그리스도의 전도방법

● 본문 : 요 4:5~30(P.147~148)
● 찬송 : 261(통195), 254(통186), 250(통182)

할렐루야! 전도합시다!

예화

김치맛 좀 보이소!

이웃 아파트에 이사를 온 젊은 부부를 전도하기 위해서 기도하던 권사님이 계셨습니다. 부부가 날마다 출근하는 것을 보며, 한 달에 한두 번씩 조건 없이 김치를 해 가지고 갔습니다. "젊은 새댁, 김치 맛 좀 보이소! 내가 담근거야." 젊은 부부는 늘 미안한 마음이 들었지만 김치 담글 시간도 없이 바쁜지라, 그런 분이 이웃에 사는 것이 너무 감사했고, 차츰 친해지게 되었습니다. 어느 날 젊은 부부가 생각을 해 보았습니다. "저분이 무엇 때문에 이렇게 할까? 나도 저분이 좋아하는 것 한 가지는 해 드려야지." 주일 아침이 되어 교회에 갈 시간이 되자 그분을 찾아갔습니다. "할머니, 우리도 할머니가 다니시는 교회에 다녀도 되지요?" 권사님은 뛸듯이 기뻤지만, 처음에는 조금 뺏습니다. "아냐, 교회에 안 다녀도 돼!" 그러나 결국 젊은 두 부부의 손을 잡고 교회에 나왔고, 그 젊은 부부도 그 교회의 신실한 젊은 집사로 성장했습니다.

전도를 위해서 현대 교회는 관계전도를 중시합니다. 예수님께서도 전도를 위해서 전도의 방법들을 사용하셨습니다. 본문에서 예수님께서 사마리아 여인을 구원하기 위해서 사용하시는 전도방법 과정을 살펴보며 그 방법을 배워봅시다.

1. 접촉점 개발(7~9절)

예수님께서는 유대에서 제자를 삼고 세례를 베푸심으로 인해 매우 피곤하고 목이 마르셨습니다. 그때 마침 갈릴리로 가시는 길에 사마리아에 들렀는데, 물을 길으러 오는 사마리아 여인을 만나게 된 것입니다. 이 사마리아 여인에게 목이 말라, "물을 좀 달라" 하시는 것은 지극히 자연스러운 것입니다. 전도의 접촉이 자연스럽게 이루어진 셈입니다.

당시에 유대인들은 사마리아인들을 사람으로 여기지 아니한 때인데, 유대인이신 예수님께서 사마리아 여인에게 "물을 좀 달라" 고 하신 것은 획기적인 일이라 할 수 있겠습니다. 여인으로서 도저히 이해할 수 없는 행위인 것입니다. 우리는 여기서 예수님이 전도하실 때, 지극히 평범하고 자연스러운 방법으로 접근하시는 것을 볼 수 있습니다. 그래서 전도대상자가 복음에 쉽게 접근할 수 있도록 유도하십니다. 우리도 전도대상자에게 전도할 때, 이와 같은 방법을 연구해서 전도해야 할 것입니다.

다음을 읽고, 말씀의 의미를 생각해 봅시다.

☞ 요한복음 5장 1~9절을 읽으세요(P.149~150). ____________________

____

2. 영적 관심으로의 유도(10~14절)

예수님을 의아스럽게 생각하고 있는 여인에게 더 좋은 생수에 대해 말씀하십니다. 생수를 이해하지 못한 여인은 예수님께 묻습니다. "주여, 물 길을 그릇도 없고 이 우물은 깊은데, 어디서 생수를 얻습니까? 야곱이 준 우물보다 더 큰 우물을 가지고 계십니까?" 이때 주님은, 우물물과 생수를 비교하여 말씀하십니다. "이 우물을 먹는 자마다 다시 목마르려니와 내가 주는 물을 먹는 자는 영원히 목마르지 아니하리니 나의 주는 물은 그 속에서 영생하도록 솟아나는 샘물이 되리라." 영원히 목마르지 아니하는 생수를 주시겠다고 말씀하신 것입니다.

예수님께서 전도하시는 방법이 얼마나 쉽고 간단하며 설득력이 있습니까? 여인이 이해하도록 물을 비교하여 영원한 생수인 말씀과 은혜를 깨닫게 하시는 예수님의 전도방법을 배워야 할 것입니다.

☞ 누가복음 5장 1~11절의 말씀을 통해, 예수님께서 어떻게 영적 관심으로 유도하시는가를 생각해 보세요. ____________________

____

3. 죄의 지적과 회개의 유도(15~30절)

생수를 소개한 예수님께 여인은 생수를 원했습니다. 이런 여인에게 예수님께서는 갑자기, "남편을 불러 오라"고 말씀하십니다. 도의적으로 부도덕한 죄를 짓고 있던 여인은 자기 형편을 꿰뚫고 있는 예수님께 당황한 나머지, 거짓말을 합니다. 남편이 없다고 거짓말을 하는 여인의 마음을 읽으시는 예수님께서는 그 이유를 이해하시고 밝혀 자신이 죄인임을 깨닫게 하시고 예수님을 구주로 영접하도록 이끌어 가십니다. 그리고 하나님께서는 신령과 진정으로 예배드리는 자를 찾으시며, 예배드리는 자가 이와 같이 예배해야 함을 가르치신 것입니다.

예수님께서는 전도하실 때에 자연스런 접근을 통해 영적 관심으로 유도하신 후에는, 내가 죄인임을 발견하게 하여 죄인임을 고백하도록 하게 하시며 예수님을 구주로 영접하게 하여 구원시키시며 구원받은 자가 예배를 잘 드릴 수 있도록 인도하십니다. 이 예수님의 전도방법을 잘 연구하고 기도해서 지혜를 얻어 담대하게 예수님을 전해야 할 것입니다.

☞ 마태복음 9장 9~13절을 읽고, 예수님의 전도모습을 생각해 보세요.

나눔의 시간

1. 오늘의 공부를 통해 느낀 점을 말해 봅시다.

2. 불신 남편, 가족, 이웃에 전도 접촉점을 개발하여 성공한 사례가 있다면 이야기해 봅시다.

제23과

나다나엘을 전도한 빌립

● 본문 : 요 1:43~51(P.144)
● 찬송 : 277(통335), 270(통214), 273(통331)

할렐루야! 전도합시다!

예화

할렐루야 전도법

아파트 입구에 세탁소가 있었습니다. 아직 교회에 나오지 않는 그분을 전도하겠다고 마음먹은 어떤 집사님이 그 세탁소를 위해서 기도하기 시작했습니다. 그리고 세탁물이 있을 때면, 항상 그 세탁소를 찾아가서 세탁물을 맡기면서 친절하게 "할렐루야! 안녕하세요" 라고 웃으면서 인사했습니다. 아침에 출근할 때에도 퇴근하고 돌아올 때에도 세탁소 앞을 지나치게 되는데, 그때마다 흔하게 웃으면서 "할렐루야! 안녕하세요?" 라고 인사를 했습니다. 어느 날 세탁소 주인이 교회에 찾아와서 예수를 믿게 되었는데, 교회에 나온 연유를 물으니까 이렇게 대답했습니다. "날마다 얼굴만 마주치면 웃으면서 '할렐루야, 안녕하세요?' 라고 인사하는 분의 도습을 보니까, 나도 그분처럼 살고 싶어서 교회에 왔습니다."

전도는 어려운 것이 아닙니다. 전도는 단순한 것입니다. 다양한 방법을 통해서 예수님에 대한 소식이 단순하게 전달되도록 하면 되는 것이 전도입니다. 전하면, 열매는 주님이 맺게 해 주십니다.

예수님께서 공생애를 시작하시는 초기에는 제자를 부르시는 일을 하셨습니다. 안드레와 베드로를 부르신 주님은 갈릴리로 나가려 하시다가 빌립을 만나 "나를 좇으라" 고 부르십니다. 오늘 본문에는 주님을 따라 나선 빌립이 나다나엘을 주님께로 전도하는 모습이 나옵니다. 오늘 이 시간에는 빌립의 전도모습을 살펴봄으로써 우리의 전도교훈으로 삼고자 합니다.

1. 주님을 만나는 체험(43~44절)

빌립은 나다나엘에게 전도하기에 앞서, "나를 좇으라" 고 하시는 주님을 만났고 주님을 따라다니면서 보고 체험한 사실을 있는 그대로 전도함을 봅니다.

신자가 전도하는 일은 법정에서의 증인과 같습니다. 증인은 그 사건을 직접 목격하고 체험한 자입니다. 증인은 자기 체험을 그대로 전하기만 하면 됩니다. 그러므로 신자가 예수의 복음을 전하기 위해서 선행해야 할 것이 있으니, 그것은 바로 어떤 식으로든지 주님을 만나는 체험이 필요하다는 사실입니다.

다음을 읽고 말씀을 생각해 봅시다.

☞ 사도행전 1장 8절을 읽으세요(P.187). ______________________

____

2. 주님에 대한 증거(45절)

예수님을 만나 따라다니면서 온갖 경험을 한 빌립은 나다나엘을 찾아서 자기가 만났던 예수에 대해 있는 그대로, 체험한 그대로 자랑스럽게 증거했습니다.

"모세가 율법에 기록하였고 여러 선지자가 기록한 그이를 우리가 만났으니 요셉의 아들 나사렛 예수니라"(45절).

신자의 가장 좋은 전도방법은 내가 만나서 주목하여 보고 체험하여 느끼고 깨달은 바를 있는 그대로, 사실 그대로 단순하게 전하는 것임을 알 수 있습니다.

다음을 읽고, 주님을 만났던 사마리아 여인이 예수가 메시아이심을 깨닫고 어떻게 복음증거를 했는지 살펴봅시다.

☞ 요한복음 4장 27~31절을 읽으세요(P.148). ______________

____

3. 예수님의 전도방법을 사용(46절)

빌립의 전도를 받은 나다나엘은, "나사렛에서 무슨 선한 것이 날 수 있느냐"고 반박합니다. 그러나 빌립은 예수를 만났던 체험이 있기에 흔들리지 않고, "와 보라"는 말로 나다나엘을 주님께로 이끌어 갑니다.

전도에 있어서 가장 중요한 것 중의 하나는 쓸데없이 논쟁하거나 변명하지 말라는 것입니다. 전도대상자는 체험이 없기에 논쟁과 변명은 마음만 더욱 굳게 닫게 만듭니다. 그럴 때에는 웃으면서 그리고 진지하게, 빌립처럼 응대하면 됩니다. 이런 방법은 예수께서 요한의 두 제자에게 사용하셨던 방법이기도 합니다.

다음을 읽고, 말씀의 의미를 생각해 봅시다.

☞ 요한복음 1장 35~39절을 읽으세요(P.143).

※ 빌립의 인도로 예수를 만난 나다나엘은 주님이 어떤 분이심을 스스로 깨닫게 되고, 바른 믿음의 고백을 통해 생명의 구원을 얻게 되었으며, 일생을 주님께 헌신하는 주님의 제자가 되었습니다.

나눔의 시간

1. 오늘의 공부를 통해 느낀 점을 말해 봅시다.

2. 전도 간증을 한 가지씩 이야기해 봅시다.

제24과

성도와 전도하지 않는 죄

● 본문 : 겔 3:16~21(P.1154)
● 찬송 : 274(통332), 278(통336), 250(통182)

할렐루야! 전도합시다!

예화

교회부흥의 비결

개척한 지 3년 만에 매주일 100여명 정도 성도들이 모이는 교회가 있었습니다. 그 교회 목사님에게 어떤 사람이 전도의 비결을 물어보았습니다. "처음에 교회를 개척했을 때에는 열심히 기도하고 교회문만 열어놓으면 성도들이 구름처럼 모여들 것으로 생각했습니다. 그렇지만, 그런 생각은 다 잘못된 것이었음을 깨닫는 데에는 불과 몇 개월도 걸리지 않았지요. 매주일 가족까지 합해서 10여명 정도씩 예배드리기를 반복했습니다. 그때에 깨달은 것이 교회부흥은 기도하면서 열심히 전도하는 것뿐이라는 것이었지요. 그후로 하루도 빠짐없이 매일 4-5시간씩 전도지를 돌리며 전도했습니다. 매일 전도하다 보니까 하나님께서 축복해 주셨지요. 영혼구원의 길은 날마다 열심히 하는 전도가 대답입니다."

남 유다가 바벨론 포로가 된 후 어려운 생활을 하고 있을 때, 하나님께서 선지자 에스겔을 보내서 유다 나라를 구원시킬 것을 약속하십니다. 오늘날 이 말씀은 전도의 사명과도 연관되는 말씀입니다. 그런데, 만약 우리가 전도하지 않을 때에는 어떻게 될 것입니까?

1. 백성들의 깨우침이 없게 된다(16~17절)

에스겔 선지자는 하나님으로부터 "남 유다 백성들을 깨우쳐서 회개케 하여 본래의 신앙으로 돌아오게 하라"는 명령을 받습니다. 에스겔의 사명은 백성들을 깨우쳐서 자기의 잘못을 회개하고, 하나님께로 돌아오게 하는 것입니다. 그런데 만약 에스겔이 그 사명을 수행하지 않는다면 백성들은 어떻게 되겠습니까? 자기의 잘못에 대한 깨우침이 없게 되어, 하나님의 뜻을 따라 살지 못하고 버림받게 됩니다. 전도는 영원히 죽을 수밖에 없는 죄된 인간을 하나님의 말씀으로 깨닫게 하여, 회개하고 돌아와서 하나님의 백성이 되게 하는 것입니다.

다음을 읽고, 전도와 구원의 중요성을 알아봅시다.

☞ 사도행전 28장 25-28절을 읽으세요(P.238). ____________________

____

2. 그 책임이 따르게 된다(18-19절)

하나님은 에스겔이 죄악에 헤매고 있는 백성들을 깨우치지 않고 그냥 내버려 두면 그것 때문에 말씀을 듣지 못한 유다 백성들은 죄악 중에서 죽을 것이고, 그에 대한 책임으로 하나님의 말씀을 전하지 않은 에스겔에게서 그 피 값을 찾을 것이라고 하셨습니다. 반대로 말씀을 전하였는데도 듣지 않고 돌이켜 회개하지 않는 사람들의 경우에는, 죄악 중에서 그들이 죽는다 할지라도 전도자에게 그 책임이 없음을 강조하셨습니다. 전도는 죽어가는 영혼을 살리는 길이며, 먼저 믿은 우리들의 사명이요 책임이라는 것을 명심합시다.

다음을 읽고, 죽어가는 영혼을 살리고자 하시는 예수님의 말씀을 찾아봅시다.

☞ 마가복음 2장 13~17절을 읽으세요(P.56).

3. 하나님께서 맡겨주신 사명을 행하지 않는 자가 된다 (20~21절)

하나님께서 에스겔 선지자에게 의인이라고 자칭하면서 죄악을 일삼고 사는 유다 백성들을 깨우쳐 하나님께로 돌아오게 해서 그들의 영혼을 살리라고 하셨는데, 그것이 곧 에스겔 자신의 영혼을 보존하는 것이라고 하셨습니다.

오늘날에도 의인이라고 자처하는 많은 믿는 사람들이 큰 죄악에 빠져 사는 것을 봅니다. 저들은 교회에서는 의인으로 행세하며, 밖에 나가면 죄악의 구덩이에 있습니다. 믿음의 사람들은 그들의 어리석은을 깨우쳐야 할 사명이 있습니다. 그들을 깨우쳐서 죄악의 구렁텅이에서 나와 하나님의 영광을 드러내는 삶을 살게 해야 합니다.

다음을 읽고, 가룟 유다의 비극적 종말의 원인이 어디에서 나온 것인지 말해 봅시다.

☞ 마태복음 27장 3~10절을 읽으세요(P.49). ____________________

____

나눔의 시간

1. 오늘의 공부를 통해 느낀 점을 말해 봅시다.

2. 구역에서 전도를 지속할 방안을 의논해 봅시다.

제25과

전도의 준비와 훈련

● 본문 : 벧전 3:14~17(P.380)
● 찬송 : 270(통214), 263(통197), 285(통209)

할렐루야! 전도합시다!

예화

모리타니아 무어족

무어족은 아프리카 북서부 대서양 연안에 위치해 있는 모리타니아 지역에 사는 사람들입니다. 이곳의 인구는 약 300만명 정도 되는데, 성인 인구의 70%가 문맹입니다. 모리타니아 지역은 수니파 이슬람 지역인데, 종교의 자유는 인정되지만 무슬림이 다른 종교로 개종하는 것은 불법으로 금지되어 있습니다. 만약에 무슬림이 예수 그리스도를 구주로 고백하면 적발되어 즉시 사형에 처해지는 엄격한 종교법을 갖고 있습니다. 그리고 기독교 선교사들이 모리타니아에서 복음을 전하는 것도 금지되어 있습니다. 전 세계에는 이런 미전도 종족들이 살고 있는 지역이 여러 곳에 있습니다. 그럼에도 불구하고 미전도 종족선교에 관심을 갖는 단체는 포기하지 않고 이런 종족을 전도하기 위해서 체계적으로 준비를 하며, 그들의 언어로 성경을 번역할 수 있도록 기도하고 있습니다.

복음전도를 위한 준비와 훈련은 매우 중요합니다. 모세도 쓰임받기 위해 40년의 훈련을 받았고, 제자들도 부름 받고 나서 3년간의 훈련과정을 거친 후에야 쓰임을 받았습니다. 주님의 전도훈련을 가장 철저히 받은바 있는 베드로 사도는 극심한 박해 가운데에서도 증인의 삶을 살기 위해 어찌해야 할 것인가를 가르쳐 주고 있습니다.

1. 주님을 위해 고난받을 각오를 하라(14절)

주님을 증거하는 일을 수행함에 있어서, 우리가 항상 환영만 받을 수 있다고는 생각하지 마십시오. 그것보다는 오히려, 전도하려면 각종 오해와 멸시 천대를 받을 수도 있고 욕을 먹을 수도 있다는 사실입니다. 그러므로 신자가 전도의 사명을 감당하려면, 이를 수행하기에 앞서 미리 이에 대한 마음의 각오를 단단히 준비하고 있어야 합니다. 우리가 자신의 잘못으로 인해 고난을 받는 것은 수치요 부끄러움이지만, 복음과 주님을 위해 일하다가 고난을 받고 수치를 당하며 해를 입는 것은 참으로 가치 있는 값진 것입니다.

☞ 마태복음 5장 10~12절을 읽으세요(P.5~6). ____________________

____

☞ 마태복음 10장 16~23절을 읽으세요(P.15). ____________________

____

2. 소망에 관한 이유를 묻는 자들에게 대답할 말을 항상 예비하고 있으라(15절)

신자가 복음전도를 하다 보면, "어찌하여 당신은 당신의 종교만을 고집하십니까?", "기독교가 다른 종교와 다른 이유가 무엇인지요?", "당신은 왜 예수를 믿게 되었나요?", "종교란 다 똑같은 것이 아닐까요?" 등등의 질문을 받게 됩니다. 우리가 이런 질문들을 받았을 때에는 어찌하는 것이 좋을까요? 무조건 회피만 할 수는 없을 것입니다. 그렇다고 상대방의 오류를 지적만 할 수는 더군다나 없습니다.

우리는 복음을 증거할 때, 불안한 마음을 보이거나 공격적인 태도를 가져서는 안 됩니다. 뿐만 아니라 저들과 함께 논쟁을 해서도 안 됩니다. 오히려 그들에게 내가 믿는 이유에 대해 주님을 경외하는 마음과 친절한 태도로써 설명해 주는 지혜가 필요한 것입니다. 이는 평상시에 다음속에 기도하면서 준비해 두어야 합니다.

다음의 말씀을 읽고, 베뢰아 교인들의 신앙태도에 대해서 살펴보십시오.

☞ 사도행전 17장 10~12절을 읽으세요(P.217).

3. 선한 양심을 가지라(16절)

'양심' 이라는 말은 헬라어로 '쉰에이데시스' 라는 말로서 이는 '쉰' (함께)이라는 말과 '오이다' (알다)라는 말의 합성어인데, 이는 하나님께서 인간에게 부여하신 본성 즉 하나님을 아는 마음을 의미합니다.

신자의 복음전도를 뒷받침하는 것은 바로 선한 양심에서 나오는 선한 행실입니다. 이는 직접적으로 복음을 전하지는 않지만, 간접적으로 전도에 엄청나게 큰 영향력을 끼칩니다.

우리의 소망과 믿음이 말로써만이 아니라 우리의 아름다운 삶을 통해서 나타나게 될 때, 복음전도는 한층 강하게 역사한다는 사실을 잊지 말도록 합시다.

다음을 읽고, 말씀을 생각해 봅시다.

☞ 마태복음 5장 13~16절을 읽으세요(P.6).

나눔의 시간

1. 오늘의 공부를 통해 느낀 점을 말해 봅시다.

2. 당신이 이웃으로부터 소망에 관한 질문을 받았을 때, 곤란한 점은 무엇이고 해결책은 어떤 것입니까?

제26과

바울 사도와 전도명령

● 본문 : 딤후 4:1~8(P.346)
● 찬송 : 270(통214), 278(통336), 259(통193)

◆

할렐루야! 전도합시다!

예화

대장암이 깨끗해졌습니다.

평생동안 교회에 다니는 부인을 핍박하던 남편이 있었는데, 그가 대장암에 걸렸습니다. 뼈와 임파선에 암이 전이되어 의사도 손을 놓을 정도로 심한 병이었습니다. 부인은 그런 속에서 남편을 구원하시려는 하나님의 섭리가 있다고 믿고 오히려 감사하며 남편이 이번 기회에 예수를 믿게 해 달라고 매달려 기도했습니다. 아내의 전도를 받은 남편은 결국 이렇게 고백했습니다. "하나님, 내가 졌습니다."

평생 핍박 밖에 모르던 남편이 은혜를 받고 회개하며, 두 손들고 매달려 기도했을 때에 하나님께서 그를 치료해 주셨습니다. 6개월 후, 병원에 가서 진찰한 결과 암이 흔적도 없이 사라진 것입니다. 하나님께서는 핍박의 때에도, 고난의 때에도 때를 가리지 않고 기도하며 전도한 부인의 기도를 응답해 주신 것입니다.

로마 감옥에 갇혀 있는 바울은 믿음의 아들 디모데를 통해서 자신의 삶을 총결산하는 심정으로 전도의 중요성을 강조하며 전도인의 삶을 살 것을 명령합니다. 전도는 남는 시간에 하는 것이 아니요, 해도 되고 안 해도 그만인 성격의 것이 아님을 가르쳐 줍니다. 복음전도는 성도의 마땅한 도리요, 당연한 의무인 것입니다.

오늘은 바울 사도가 강조한 전도명령에 대해 살펴봅시다.

1. 너는 말씀을 전파하라

이 세상은 영원토록 천년만년 존재하는 것이 아니라, 시작이 있으면 끝이 있듯이 반드시 종말이 오게 됩니다.

종말은 언제 오는 것입니까? 그것은 예수 그리스도의 재림과 더불어 성취되는 것입니다. 그러므로 성도의 이 땅에서의 삶은 주님의 재림을 준비해 가는 과정의 삶이 되어야 합니다. 그러면 성도가 주님의 재림을 준비해 가는 가장 최선의 방법은 무엇입니까? 바울 사도는 이에 대해 우리가 복음전파의 삶을 사는 것이라고 강조하고 있습니다.

그렇다면 어떻게 복음전파의 삶을 살 것인지에 대해, 다음을 읽고 그 방법을 생각해 봅시다.

☞ 디모데후서 4장 2절을 읽으세요(P.346). ______________________

____

2. 말씀을 거부하는 자에 대한 준비를 하라

우리가 복음전도를 하다 보면, 항상 모든 사람이 그것을 받아들이지는 않습니다. 말씀을 열심히 전하고 증인된 삶을 살지라도 사람들은 복음을 거부하기도 하며 때로는 핍박, 조롱을 하기도 합니다.

이런 경우를 당하면, 전도자는 영생의 말씀을 증거하면서도 헛수고인 것처럼 느껴져서 실망하거나 실족하기 쉽습니다.

바울 사도는 그런 경우를 미리 생각하여 전도자를 격려합니다.

☞ 디모데후서 4장 3~4절을 읽으세요(P.346). ______________________

____

☞ 디모데후서 4장 5절을 읽으세요(P.346). ______________________

____

※ 여기에서 전도인의 삶이 왜 주님의 재림을 준비하는 일인지, 함께 이야기해 봅시다.

3. 믿음의 선한 싸움을 싸우라

주님의 재림을 사모하는 자들은 허공을 바라보며 아무것도 하지 않는 자들이 아닙니다. 자신의 생이 다하는 날까지 주님 오시는 재림의 그날을 바라보면서 경건하게 신앙의 선한 싸움을 해 가는 자들입니다.

바울 사도는 자신의 인생 여정을 회고하면서 사랑하는 아들, 디모데에게 전도인의 삶을 살아갈 것을 격려합니다.

다음을 읽고, 전도인의 삶을 살고자 하는 사람의 신앙자세와 신앙목표가 무엇인지 살펴보도록 합시다.

☞ 디모데후서 4장 6~8절을 읽으세요(P.346). ______________________

____

나눔의 시간

1. 오늘의 공부를 통해서 느낀 점을 이야기해 봅시다.

제27과

기도에 힘쓰는 생활

● 본문 : 골 4:2~6(P.328)
● 찬송 : 365(통484), 491(통543), 382(통432)

할렐루야! 전도합시다!

예화

가슴 속에 담긴 소원

어떤 기독도가 꼬마와 함께 밤 하늘을 보고 있었습니다. 그때 하늘에서 별똥별이 떨어지는 것이 보였습니다. 기독도는 꼬마에게 말했습니다. "애야, 별똥별이 떨어지는 짧은 순간에 소원을 빌 수 있으려면 어떻게 해야 하겠니?" "글쎄..." "그것은 바로 네 가슴 속에 항상 소원을 담고 있어야 하는 것이란다. 순간순간 생각나는 소원은 소원이라기보다는 자신의 부족함을 보상받으려는 욕심에 불과하다. 사람은 항상 소원 하나쯤은 가슴 속에 품고 살아야 한다."

성도에게 있어서 기도는 영적인 호흡과 같습니다. 육신의 호흡이 중단되면 그 생명은 곧 죽는 것과 같이, 성도가 영혼의 호흡을 게을리한다면 내 영혼의 생명에 죽음을 자초하는 것이 됩니다. 사도 바울은 골로새 교인들을 향하여 성도로서 행해야 할 바 가장 중요한 것이 무엇인지를 가르쳐 주며, 그것을 계속 행할 것을 권면합니다.

1. 기도에 항상 힘쓰라

이 세상 생활은 험난한 사막과 같습니다. 이 험한 세상을 양인 성도가 자기 혼자의 힘으로 살아가기에는 너무나 역부족입니다. 그러므로 이 험한 세상에서 승리하며 살아가려면 전능하신 하나님의 도우심이 절대적으로 필요한데, 그 하나님의 도우심을 요청하는 행위가 바로 기도입니다. 이스라엘 백성들이 애굽에서 나와 험난한 광야의 길을 가는 동안 그들이 승리할 수 있었던 비결은, 문제가 나타날 때마다 하나님께 기도하여 해결 받았다는 사실입니다. 그러므로 성도가 이 광야길과 같은 세상에서 승리하며 살려면, 항상 기도에 힘쓰는 것 외에는 다른 방도가 없음을 깨달아야 합니다.

바울은 성도가 기도에 힘쓸 때, 어떤 자세로 해야 한다고 말했는지 다음을 살펴보십시오.

☞ 골로새서 4장 2절을 읽으세요(P.328). ________________

____

2. 복음 전하는 분들을 위해 기도하라

바울 사도가 골로새서를 쓴 때는 A.D 61~63년 경으로 그가 로마의 감옥에 복음전파한 이유로 감금되어 있을 때입니다. 이런 어려운 상황 하에서 바울은 골로새 교회를 향해 그들이 세상의 헛된 종교와 그들을 미혹하는 혼합주의적인 이단교리를 배격하도록 권면하며, 바울과 그의 동역자들이 복음전파 사역을 재개할 수 있도록 기도해 달라고 요청하였습니다. 오늘날에도 성도는 복음 전하는 분들을 위해서 기도 때마다 큰 관심을 가지고 힘써 기도해야 합니다.

다음을 읽고, 말씀의 의미를 생각해 봅시다.

☞ 골로새서 43장 4절을 읽으세요(P.328). ______________________

____

3. 신앙과 생활에 승리하라

예수님이 태양이라면, 신자는 달과 같습니다. 이 말은 신자는 발광체가 아니고, 그 빛을 받아 반사하는 반사체라는 말로도 설명됩니다.

신자가 모든 생활과 언어생활에 승리해야 할 이유가 여기에 있습니다. 이 세상은 너무 어두운 밤과 같아서 세상 사람들은 그들 스스로 예수님을 발견할 수 없습니다. 단지 세상에 속한 사람들은 그들 스스로 예수님을 발견할 수 없습니다. 성도를 통해서만이 비슷하게나마 예수님을 발견하게 되는 것입니다. 그러므로 성도가 행여나 조금만 잘못된 삶을 살아도 그들은 "예수 믿는 사람이 왜 저래?" 하면서 우리를 비방하고 조롱합니다. 그러므로 성도가 복음의 빛을 나타내고 세상 사람들을 구원의 길로 인도하기 위해서는 우리의 모습이 달라져야 합니다.

다음을 읽고, 어찌해야 할 것인지를 생각해 봅시다.

☞ 골로새서 4장 5~6절을 읽으세요(P.328). ______________________

____

나눔의 시간

1. 오늘의 공부를 통해 느낀 점을 말해 봅시다.

2. 당신이 기도에 힘써야겠다고 느낀 경우는 어느 때 입니까?

제28과

기도의 중요성과 역사

●본문 : 막 5:13~18(P.376)
●찬송 : 364(통482), 361(통480), 370(통455)

할렐루야! 전도합시다!

예화

나 대신 깨어계신 주님

미국 교회 부흥 역사에서 윌리엄 퀘일 목사님은 능력있는 설교로 주목받았습니다. 그가 얼마나 설교를 잘했던지, '감리교의 종달사'라는 별명을 얻었습니다. 그런데 정작 그는, 이런 사람들의 시선이 큰 고통이었습니다. 그래서 잠을 못이루면서 침대 아래로 내려가서 무릎을 꿇고 기도했습니다. "주님, 이 고통스러운 문제를 어떻게 해결할까요?" 그때, 주님의 음성이 들렸습니다. "그래, 나는 평안히 자거라. 그 문제는 내가 해결할 일이다. 네가 잠자는 동안 남은 밤 시간은 내가 깨어있으마." 그는 감사하며 평안히 잠을 잤습니다. 그리고 증거했습니다. "여러분, 주님께서 내 대신 깨어계시니, 여러분은 평안이 주무십시오."

주님께서는 자기 백성을 이 세상에 두시면서 우리만 홀로 놓아두시지 않고, 우리로 하여금 악한 세상에서 세상, 죄악, 병마와 싸워 지지 않고 항상 승리하는 신앙생활을 하게 하기 위해 '기도라는 놀라운 병기'를 주셨습니다. 기도는 하나님과 인간 사이에 있는 직통무전기와 같습니다. 우리는 이것을 통해 항상 주님과 교통하는 삶을 살아갈 수 있습니다.

오늘 본문에서, 야고보 기자는 기도의 중요성과 그 역사에 대해 말하고 있습니다.

1. 기도는 고난의 문제를 해결해 준다

이 세상에서는 악한 마귀가 우리를 계속 괴롭힙니다. 그러므로 때로는 믿는 하나님의 백성도 고난을 당할 수 있습니다. 어떤 사람은 평상시에는 신앙생활을 잘하다가도 고난의 때가 오면 좌절, 낙망하여 하나님의 품을 떠납니다. 그러나 이것만큼 어리석음이 또 어디에 있을까! 성도는 즐거운 때에도 주님을 찾아야겠지만, 고난의 때에는 더욱 부르짖어야 합니다. 왜냐하면 하나님의 도우심의 손길은 기도하는 자를 붙들어 주시기 때문입니다.

☞ 야고보서 5장 13절을 읽으세요(P.376). ______________________

____

☞ 시편 55편 16~17, 22절을 읽으세요(P.840~841). ______________

____

2. 기도는 병마의 문제를 해결해 준다

성도가 이 땅에서 받을 수 있는 어려움은 크게 두 가지인데, 하나는 외적인 것이고 다른 하나는 내적인 것입니다.

오늘 본문에서는 외적인 것을 믿음 때문에 당하는 압제, 조롱, 핍박 등 여러 가지 어려운 성도의 고난으로, 내적인 것을 질병으로 보고 있습니다.

우리가 이 땅에 사는 동안 때로는 질병에 걸릴 수도 있습니다. 이때에 "하필이면 내게만 이런 일이 일어난단 말이냐"고 원망할 것이 아닙니다. 주님은 우리에게 그 문제를 붙들고 기도할 것을 가르쳐주십니다.

다음을 읽고, 병마를 물리치기 위하여 우리가 해야 할 5가지 기도방법에 대해 생각해 보십시오.

☞ 야고보서 5장 14~16절을 읽으세요(P.376).

3. 기도는 자연법칙을 초월하여 역사한다

이 세상 모든 만물의 주관자는 조물주 하나님이십니다. 하나님은 자연법칙을 제정하셨고, 그것을 통하여 자연계가 순환토록 하셨습니다.

평범한 인간은 자연법칙을 초월하지 못합니다. 그러므로 인생이 이 땅에서 행복하게 살려면 그 자연법칙에 순응하는 삶을 사는 것이 중요합니다. 그러나 하나님께서 자신이 뜻하실 때에는 언제든지 기적을 창조하십니다. 기도는 바로 기적을 창조하는 힘이 있습니다. 왜냐하면 기도는 하나님의 손길이 내게로 오시게 하는 도구이기 때문입니다.

성도는 기도를 통하여 기적을 창조하는 삶을 살아가야 합니다. 당신의 인생, 가정, 삶 속에 기적을 창조해 가는 역사가 일어나게 하십시오.

다음을 읽고, 엘리야는 어떻게 우리와 똑같은 사람으로서 기적을 창조했는지 살펴봄으로써 당신이 받는 도전을 이야기해 보십시오.

☞ 야고보서 5장 17~18절을 읽으세요(P.376).

나눔의 시간

1. 오늘의 공부를 통해 느낀 점을 말해 봅시다.

2. 고난 받을 때, 기도하여 응답받은 일이 있으면 간증해 봅시다.

제29과

기도의 약속과 응답

●본문 : 마7:7~12(P.10)
●찬송 : 364(통482), 342(통395), 365(통484)

할렐루야! 전도합시다!

예화

새끼손가락의 약속

아버지와 딸이 있었습니다. 아버지는 매일 일이 끝나기가 바쁘게 집으로 퇴근을 했습니다. 늦둥이로 낳은 예쁜 막내딸이 눈 앞에 어른거려 발걸음을 재촉할 수밖에 없었던 것입니다. 오늘도 퇴근하면서 아버지는 딸아이에게 줄 인형선물을 챙겼습니다. 그리고 콧노래를 부르면서 집으로 향했습니다. 딸아이가 출근할 때에 "아빠, 약속했어요. 오늘 꼭 인형 사와요." 아빠는 새끼손가락을 내밀어 걸면서 딸과 약속했던 것입니다. 인형을 사들고 오면서 딸과의 약속을 지키게 되었다는 기쁨이 콧노래를 흥얼거리도록 기분 좋게 만들었던 것입니다.

우리가 믿는 하나님은 약속의 하나님이십니다. 하나님은 무슨 일이든지 즉흥적으로 시행하시는 것이 아니라 약속과 응답을 통하여 역사하십니다.

하나님은 우리에게 구원, 은혜, 축복, 죄 사함과 같은 수많은 약속을 하셨습니다. 기도에 있어서도 예외는 아닙니다. 성도가 필요한 것을 얻기 위해서는 후히 주시고 꾸짖지 않으시는 하나님께 기도로 구해야 주신다고 했습니다.

1. 기도에 대한 3가지 약속

하나님이 우리에게 기도하라고 하시며 응답을 약속하심은 그분에게 무엇이 부족해서가 아닙니다. 하나님은 자존, 자족하신 분이시므로 아무것도 우리에게 기댈 것이 없는 분이십니다. 그럼에도 불구하고 하나님께서 우리에게 기도하라고 하시는 이유는 자기 백성이 하나님을 신뢰하는가를 보려 하심이요, 자기를 신뢰하는 자에게는 은혜와 축복을 주려 하심입니다.

다음을 읽고, 응답받기 원하는 자가 취해야 할 3가지 기도자세는 어떤 것인지 말해 보십시오.

☞ 마태복음 7장 7~8절을 읽으세요(P.10). ______________________

____

2. 기도응답에 대한 확실성

우리의 기도는 하나님에 대한 신뢰에서부터 출발합니다. 다시 말해, 기도에 대한 하나님의 약속은 '기도는 반드시 응답하신다' 는 것입니다.

그렇다면 우리는 이 하나님의 약속에 대해서 어떻게 확신할 수 있습니까? 그것은 참으로 어려운 문제요, 이해하기 힘든 것입니다. 그러나 인간의 이성으로는 이해할 수 없으되, 믿음의 눈으로 볼 때에 기도응답은 확실해집니다.

믿음의 눈으로 주님을 바라보십시오. 기적은 거기에서부터 시작됩니다.

다음의 비유를 통해, 기도응답에 대한 확실함을 주님께서 가르치심에 대해 살펴보십시오.

☞ 마태복음 7장 10~11절을 읽으세요(P.10).

☞ 마태복음 6장 26~33절을 읽으세요(P.9).

3. 기도자가 행해야 할 일

오늘날 많은 사람들은 하나님께 구하기는 하지만 정작 하나님께서 그들에게 주셨을 때, 그 주신 바를 감당치 못하며 더욱 큰 축복을 받지 못하는 안타까움을 범합니다.

하나님께서 우리가 구함에 응답하심은 나 혼자만의 행복과 안녕을 위한 삶을 위함이 아닙니다. 거기에는 하나님이 주시는 그 사랑의 정신으로 내 이웃에게 선을 베푸는 삶을 살도록 하기 위함이요, 더 나아가서는 복음에 빚진 자로서 하나님 영광을 위해 죽도록 충성, 헌신, 봉사함에 더욱 중요한 교훈을 가집니다.

성도는 구하여 받아서 쌓는 자가 아니라, 그리스도의 이름으로 구하여 받아서 베푸는 자이어야 합니다. 이것이 기도하는 자에게 주시는 사랑의 명령입니다.

다음을 읽고, 베푸는 삶이 무엇인지 생각해 봅시다.

☞ 마태복음 7장 12절을 읽으세요(P.10).

☞ 사도행전 20장 35절을 읽으세요(P.224). ____________

____

☞ 히브리서 131장 2절을 읽으세요(P.368). ____________

____

나눔의 시간

1. 오늘의 공부를 통해서 느낀 점을 말해 봅시다.

2. 기도약속을 믿는 당신이 기도생활에 게으른 점이 있다면, 그 원인과 해결점을 토의해 봅시다.

제30과

기도응답과 믿음

●본문 : 마 15:21~28(P.25~26)
●찬송 : 214(통349), 270(통214), 216(통356)

할렐루야! 전도합시다!

예화

제게 붙여 주세요.

어떤 교회에 다니는 여집사가 있었습니다. 그는 평상시 기도하면 반드시 응답해 주신다는 목사님의 설교에 항상 감명을 받았습니다. 가난하게 사는 그 집사님은 아파트 장만이 소원이었습니다. 그래서 확신을 가지고 새벽마다 기도했습니다. 새벽기도가 끝나 집으로 돌아올 때면, 날마다 이웃에 있는 아파트 단지에 가서 아무 집이나 붙들고 기도하기 시작했습니다. "하나님 이 집을 축복해 주셔서 더 좋은 곳으로 이사를 가게 해 주시고, 이 집을 제게 붙여 주세요." 그러기를 1년 했는데, 놀라운 일이 벌어졌습니다. 부동산에서 아파트가 나왔다고 소개해 주는 집을 가보니, 바로 날마다 기도한 그 집이었던 것입니다. 결국 그 아파트를 사서 이사를 하는 축복을 받게 되었습니다.

주님께서는 우리의 기도에 대해 구하면 주신다는 절대적인 약속을 하고 계십니다. 그러므로 성도는 누구든지 기도하면 다 받게 된다는 철저한 믿음을 갖는 것이 중요합니다.

가나안 여인은 기도에 대한 분명한 확신을 갖고 있었습니다. 그러므로 그녀는 딸의 병을 고쳐 달라고 주님께 매달렸던 것입니다. 그녀의 믿음의 기도는 결국 응답받게 됩니다. 주님은 그 약속대로 이루신 것입니다.

오늘은, 가나안 여인은 어떤 믿음이었기에 기도응답을 받게 되었는지 살펴보도록 하겠습니다.

1. 예수를 메시아로 믿는 믿음(22절)

가나안 여인은 원래 이스라엘로서는 상종할 수 없는 종족입니다. 저들은 출애굽 때, 가나안 점령시 원주민으로서 하나도 남기지 말고 진멸하도록 하나님께서 명령하신 부정한 족속이기 때문입니다(신7:1~2).

그런데 그녀는 어떻게 구원의 은총을 받았습니까? 그것은 비록 자기는 그런 출신이지만, 예수를 다윗의 자손 메시아로 믿고 고백했기 때문입니다. 주님은 빈부귀천의 신분을 따지지 않으십니다. 갈급하게 매달려 바른 믿음을 고백할 때에 역사하시는 것입니다. 당신은 예수에 대해 어떻게 고백해 왔습니까? 당신의 바른 고백은 당신의 응답과 축복을 좌우합니다.

다음을 읽고, 베드로가 어떤 고백을 통해서 어떤 은혜와 축복을 받았는지 살펴보십시오.

☞ 마태복음 16장 13~19절을 읽으세요(P.27). ________________

____

2. 절망하지 않는 불굴의 믿음

가나안 여인의 말은 흉악한 귀신이 들려 있었다는 것이었습니다(22절). 여기에서 '흉악하다' 는 말은 원어에 '카코스' 라는 말로서 "위태로울 만큼 해롭다" 는 뜻을 가지고 있는데, 딸의 병세가 그만큼 위중했음을 알 수 있습니다. 이런 안타까운 상황에서 가나안 여인이 예수님께 '당신은 메시아이십니다' 라며 갈급히 도움을 요청했지만 주님의 반응은 침묵이었고(23절), 더 나아가서는 모욕적인 언사까지 들어야 했습니다(26절). 그러나 그녀는 불굴의 믿음으로 이 문제를 극복하여 응답을 받았던 것입니다.

① 다음을 읽고, 가나안 여인이 예수님께 간구했을 때에 예수님은 어찌하여 침묵하셨고 심지어는 모욕적인 언사까지 사용하셨는지에 대해 서로 이야기 해 보십시오.

☞ 마태복음 15장 22~26절을 읽으세요(P.25~26).

② 때때로 하나님께서는 우리의 형편과 사정을 외면하시는 것처럼 보일 때도 있습니다. 그럴 때, 인간은 절망하기 쉽습니다. 하지만 하나님의 의도는 다른 데 있는 것입니다.

다음을 읽고, 광야의 이스라엘 백성을 통해 그것을 살펴보고 당신의 느끼는 바를 말해 보십시오.

☞ 신명기 8장 1~2절을 읽으세요(P.274).

③ 하나님께서는 어떤 형편 속에서도 절망하지 않는 불굴의 믿음소유

자를 축복하십니다. 그러므로 우리는 이 믿음을 소유해야겠습니다. 다음을 읽고, 주님의 안타까움을 살펴보십시오.

☞ 누가복음 18장 1~2절을 읽으세요(P.126).

3. 금보다 귀한 믿음

가나안 여인은 불사조 같은 믿음의 여인이었습니다. 그녀는 자신의 간구를 송두리째 무시하는 온갖 모욕적 언사를 들으면서도 주님에 대한 신뢰가 흔들리지 않는 믿음을 소유하고 있었던 것입니다.

그녀는 인간적인 체면도 불사한 채, 더 큰 믿음으로 매달려서 결국 응답을 받고야 맙니다. 예수님께서는 가나안 여인의 금보다 귀한 믿음을 보시면서 결국 무엇이라 하셨는지 살펴보십시오.

☞ 마태복음 15장 28절을 읽으세요(P.26).

나눔의 시간

1. 오늘의 공부를 통해 느낀 점을 말해 봅시다.

2. 끈질긴 기도를 통해 받은 기도응답이 있으면 간증해 봅시다.

제31과

응답받지 못하는 기도

● 본문 : 약 4:1~3(P.374)
● 찬송 : 263(통197), 254(통186), 250(통182)

할렐루야! 전도합시다!

예화

아빠와 면도기

이른 아침, 아빠가 출근하기 위해 바쁘게 움직이면서 면도를 하고 있었습니다. 잠에서 깬 호기심 많은 아들이 아빠가 면도하는 모습을 보면서, 아빠에게 그 면도기를 자기도 달라고 매달렸습니다. 아빠는 면도기를 어린 아들에게 주면 다칠 것을 알기에, "이것은 네가 갖고 있으면 다치고 베인단다"라고 말했습니다. 하지만, 아들은 울면서 매달렸습니다. 안 되겠다 싶은 아버지가 장난감을 갖고 와서 아들을 설득했습니다. "애야, 네게 면도기는 안돼! 대신에 이 장난감을 갖고 놀아라." 아들은 울던 울음을 멈추고 기분이 좋아져서 장난감을 갖고 놀았습니다.

성경은 신자의 기도는 반드시 응답됨을 가르칩니다. 그러므로 기도는 성도의 희망이요 권세이며 능력이요 무기가 됩니다. 하지만, 때로는 응답받지 못하는 기도가 있음도 가르치고 있음을 기억해야 할 것입니다. 하지만, 신자가 기억해야 할 것은, 내가 원하는 대로 기도응답이 오지 않는다고 해서 낙심하지 말라는 것입니다. 때로는 내가 잘못 구할 때, 주님은 내게 유익한 다른 것으로 대신하여 더 좋은 것으로 응답하신다는 사실입니다.

오늘은 응답받지 못하는 기도는 어떤 것들이 있는지에 대해 살펴봄으로써, 내가 받은 축복과 기도응답을 더욱 확고히 하고자 합니다.

1. 잘못된 동기로 기도함

어떤 사람은 무슨 일을 성취함에 있어서 그 동기는 전혀 무시하고 결과만 보고 칭찬하는 경우가 있습니다. 그러나 주님은 결과만 보시는 것이 아니라 그에 대한 동기를 중요시하십니다. 그러므로 간음에 대해서도 결과만 책망치 않으시고 마음만 먹어도 이미 간음하였다(마 5:28)고 하신 것입니다.

기도는 반드시 응답됩니다. 그러나 때때로 응답이 없을 수 있으니까, 그 동기가 중요합니다.

☞ 야고보서 4장 2~4절을 읽으세요(P.374). ______________________

____

2. 말씀을 거부함

하나님은 "순종이 제사보다 낫고 듣는 것이 수양의 기름보다 낫다"(삼상 15:22)고 말씀하심으로써 신자의 순종의 삶을 중히 여기셨습니다. 그러나 인간의 완악한 마음은 하나님의 음성에 귀를 기울이기를 싫어하여 제 뜻대로 살아가려고 하고 있습니다.

그러나 그런 사람도 갑자기 인생의 위기가 닥치면 하나님을 찾게 됩니다. 그러나 하나님께서는 이런 자를 듣지 않으십니다. 하나님께서는 말씀을 듣지 않는 자를 싫어하시는 것입니다. 다음을 읽어봅시다.

☞ 잠언 28장 9절을 읽으세요(P.941). ____________________

____

☞ 이사야 1장 15절을 읽으세요(P.967). ____________________

____

3. 외식과 위선의 기도

바리새인과 서기관들이 주님으로부터 책망받은 이유 중 하나는 외식과 위선 때문입니다. 그들은 말은 많이 하지만 실천이 없었고, 남들에게 잘 보이는 네거리나 광장에서 기도하기를 즐거워 했지만, 골방에서 기도하기를 싫어했던 것입니다.

하나님께서는 위선자의 하나님이 아니십니다. 하나님께서는 외식자의 하나님도 아니십니다. 우리가 믿는 주님께서는 진실하고 정직한 분이시며, 항상 변함이 없는 분이십니다. 그러므로 주님께서는 외식자, 위선자의 기도를 듣지 않으십니다.

당신의 기도에 외식과 위선을 멀리 하십시오. 당신도 주님처럼 불변하는 믿음을 소유하십시오.

다음을 읽고, 주님의 기도에 대한 가르침을 살펴봅시다.

☞ 마태복음 6장 5~8절을 읽으세요(P.8). ____________________

____

4. 의심하는 기도

주님은 약속의 하나님십니다. 그분은 한번 약속하신 것은 영원토록 변치 않으시는 분입니다. 그러므로 어제나 오늘이나 영원토록 동일하다고 선언하셨습니다.

특별히 주님께서는 우리에게 기도에 대한 응답을 주셨습니다. 우리가 예수 이름으로 기도하면 반드시 응답할 것을 약속하셨습니다(요 15:7,16 참고).

그러므로 기도자는 내 기도가 반드시 이뤄진다는 확신과 믿음이 중요합니다. 주님은 믿음의 기도를 응답하십니다. 믿음의 기도는 반드시 응답됩니다. 그러나 우리가 조금이라도 의심한다면, 그 기도는 아무런 응답도 기대할 수 없습니다. 그러므로 기도자는 믿음의 기도가 필요합니다.

다음을 읽고, 의심하는 기도의 문제점을 생각해 봅시다.

☞ 야고보서 1장 5~8절을 읽으세요(P.371). ______________________

____

나눔의 시간

1. 오늘의 공부를 통해 느낀 점을 말해 봅시다.

2. 성경 마가복음 11장 22~25절을 읽고, 당신의 기도에 있어서 선결과제는 무엇인지 말해 봅시다.

제32과

예수님의 기도

● 본문 : 마 26:37~41(P.46~47)
● 찬송 : 216(통356), 254(통186), 288(통204)

할렐루야! 전도합시다!

예화

최후의 만찬 그림

1491년부터 1498년까지, 무려 7년동안이나 그려진 그림인 '최후의 만찬' 은 레오나르도 다빈치에 의해서 그려졌습니다. 오랜 엄선 끝에 다빈치는 예수의 모습을 상징할 수 있는 19세의 선하게 잘생긴 젊은이를 발견하고 본격적인 그림을 그렸습니다. 6년 동안 다빈치는 배신자 유다를 제외하고 모든 제자를 완성했습니다. 하지단, 배신자 가롯 유다의 모델을 찾기가 쉽지 않았습니다. 그런 어느 날, 다빈치는 가장 잔인한 죄수들만 가두어두는 지하감옥의 죄수들 중에 가장 잔인하고 악랄한 모습의 한 사형수에게서 가롯 유다를 발견하고 그를 모델로 해서 비열한 얼굴의 유다의 모습을 그려 넣어서, '최후의 만찬' 그림을 완성했습니다. 나중에 사형장으로 끌려가던 그 죄수가 다빈치를 보면서 소리쳤습니다. "선생님, 저를 모르겠습니까? 저기 '최후의 만찬' 속에 그려진 6년전 예수의 모델이 바로 나였습니다." 성스럽고 깨끗했던 얼굴의 젊은이가 로마 최악의 살인마로 돌변해 있는 사실을 알게 된 다빈치는 큰 충격을 받았습니다. 그리고는 더 이상 예수에 대한 그림을 그리지 않았습니다.

오늘 본문은 예수님께서 제자들을 모아 놓고 떡과 포도주를 축사하시고 예수님의 살과 피를 상징하여 떼어 먹으며 기념하여 최후의 만찬을 하신 다음에, 수난준비를 위한 기도를 하시기 위해서 겟세마네 동산으로 들어가셔서 기도하는 모습입니다. 예수님께서는 세상에서 죄악으로 죽어가는 불쌍한 영혼을 위해서 기도하셨습니다.

그렇다면, 예수님은 어떤 기도를 겟세마네 동산에서 하셨을까요?

1. 죄인들의 죄를 대신 지기 위한 슬픔과 고통의 기도를 하셨다 (37, 38절)

죄인들을 보면, 그 죄에 대해서 애통해 하고 슬퍼하며 고민하는 사람은 많지 않습니다. 오히려 그 죄악상에 대해서 정죄하고 비판하고 판단하는 사례가 많습니다. 본문의 말씀을 깊이 묵상해 보면 말씀 속에 깊은 의미가 담겨져 있는데, 그것은 예수님께서 제자들(베드로, 야고보, 요한)과의 대화를 통해서 그리고 대화를 마치고 산에 올라가셔서 기도를 부탁하신 것이 바로 죄인들을 위해 지셔야 할 그 죄의 대가에 대한 슬픔과 고통과 고민인 것을 말씀하셨습니다.

오늘 우리는 본문을 통해서 깨달아야 할 것이 있습니다. 예수님을 영접하지 못하고 죄악에 물든 영혼들을 보고 슬퍼하며 애통해 하며 고민하는 기도가 있어야 할 것입니다. 그들을 정죄하기보다는, 눈물의 기도를 통해 예수님을 영접하도록 기도해야 할 것입니다.

☞ 마태복음 27장 37~38절을 읽으세요(P.46~47).

☞ 사도행전 7장 59~60절을 읽으세요(P.200).

2. 모든 죄인을 구원하기 위해서 십자가를 지시기 위한 수난기도 준비를 하셨다(39, 42절)

어느 사람을 막론하고 타인의 죄를 대신하여 십자가에 못박혀 죽고 타인을 살리라고 하면, 선뜻 나서서 "내가 십자가를 대신 지겠다" 고 하는 사람은 드물 것입니다. 아니 없을지도 모를 일입니다. 남의 생명을 살리기 위해서 자기 생명을 바치기란 그리 쉬운 일이 아닙니다. 매우 힘들고 어려운 일입니다. 그런데 예수님께서는 죄가 하나도 없으심에도 불구하고, 모든 죄인들을 사랑하셔서 죄를 용서하시고 구원시키기 위해서 십자가를 친히 지셨습니다. 힘들고, 어렵고, 고통스럽고, 괴로운 엄청난 십자가를 지시기 위해서 겟세마네 동산에서 기도로 준비하셨습니다.

믿는 성도들은 예수님의 기도를 본받아야 할 것입니다. 죄인들을 구원시키려고 준비하시는 수난의 기도를 하시는 예수님의 기도를 본받아, 아직도 예수님을 알지 못하고 죄의 향락에 치우친 사람들을 위해서 생명을 내걸고 기도해야 할 것입니다.

다음 성경을 찾아 읽고 생각해 봅시다.

☞ 마태복음 26장 39, 42절을 읽으세요(P.42).

☞ 데살로니가전서 5장 9~11절을 읽으세요(P.332~333).

3. 항상 깨어 있으라는 기도의 본을 보여 주셨다(38, 40~41절)

예수님께서 십자가를 지시기 위해서, 수난준비를 위한 기도를 하시기 위해서 겟세마네 동산에 올라가셨을 동안에 제자들은 잠을 자고 있었습니다. 내려오셔서 그 모습을 두 번이나 보신 예수님께서는 제자들을 꾸짖으시면서 "시험에 들지 않게 항상 깨어 있어 기도하라"고 하시며 "그것이 곧 나와 함께 하는 것이다"라고 말씀하십니다.

본문을 통해서 깨달아야 할 점은, 믿는 성도들은 앞으로 우리에게 무슨 십자가의 수난이 닥쳐올지 모르므로 시험에 들지 않도록 항상 깨어 있어 기도해야 한다는 점입니다. 그리하여 예수님의 고난에 동참하는 삶을 살아야 하겠습니다.

다음 성경을 찾아 읽고 생각해 봅시다.

☞ 마태복음 26장 38, 40~41절을 읽으세요(P.46~47).

☞ 골로새서 4장 2~6절을 읽으세요(P.328).

나눔의 시간

1. 오늘의 공부를 통해 느낀 점을 말해 봅시다.

2. 오늘날 우리가 십자가를 지는 삶은 어떤 것일까요?

제33과

영혼을 성장시키는 말씀

● 본문 : 벧전 1:23, 2:2(P.378)
● 찬송 : 292(통415), 279(통337), 285(통209)

할렐루야! 전도합시다!

예화

살인적인 인플레이션율

2007년 8월, 아프리카 짐바브웨에서 주민들이 대거 이웃나라로 탈출하는 사례가 생겨서 이웃나라들이 몸살을 앓고 있다고, 신문에서 말했습니다. 짐바브웨 주민들은 무엇 때문에 자기 고국, 고향을 등지고 이웃나라로 대거 탈출을 시도하는 것일까요? 그것은 극심한 경제난 때문입니다. 경제난으로 배고픈 주민들이 먹을 것이 부족해서 나라를 등지고 탈출하는 것입니다. 심지어 보고서에 따르면, 짐바브웨에서는 살인적인 인플레이션율이 이어지고 있는데, 최고 4,500%나 된다고 합니다. 이런 물가상승률은 물가가 약 45배나 뛰는 것을 말합니다. 이런 어려운 환경에서 사는 사람들의 당면 문제는 당장 먹어야할 빵의 문제입니다.

사람이 빵이 부족하면 배가 고플 수밖에 없고, 어린 아이들은 영양실조에 걸려서 성장이 되지 않게 됩니다. 마찬가지로, 신자가 영적인 성장을 이루려면 영적인 풍요함을 누려야 합니다. 하나님의 말씀은 우리 영혼을 성장시키는 생명의 양식입니다.

오늘 본문은, 예수님에 대한 믿음을 고백하고, 영적 어린 아이인 우리가 그 생활 속에서 영적인 그리스도인으로 장성한 믿음의 분량에까지 자라가게 된다는 것을 보여줍니다.

1. 하나님 말씀의 역할

① 거듭나게 합니다.

'거듭난다' 라는 말은 '중생' 또는 '새롭게 난다' 는 말로서 죄를 회개하고 예수님을 하나님의 아들이요 구세주라고 믿고 영접하는 것을 의미하며, 육으로 다시 태어나는 것이 아니라 영적으로 새롭게 태어나는 것을 의미합니다.

베드로 사도는 우리가 거듭나는 비결은 영원히 썩지 아니하고 항상 살아있는 씨인 하나님의 말씀으로 설명하고 있습니다.

☞ 베드로전서 1장 23절을 읽으세요(P.378).____________________

____

② 성장하게 합니다.

거듭난지 얼마 되지 않은 성도는 영적으로 볼 때, 영적인 어린 아이와 같습니다. 다시 말해 우리가 구원에 이르도록 자라가려면 갓난아이들이 어머니의 젖을 먹고 자라가듯이, 우리는 구원의 순전하고 신령한 젖인 하나님의 말씀을 먹음으로써만 성장할 수 있다는 것입니다. 그러므로 거듭난 성도는 경건한 삶을 유지하고 영적인 성장을 이루기 위해 항상 말씀을 가까이 하는 생활을 해야 합니다.

☞ 베드로전서 2장 2절을 읽으세요(P.378).

※ 히브리서 5장 12~14절(P.357~358)을 읽고, 어린 아이와 같은 신앙과 장성한 신앙의 차이를 비교하여 보십시오.

2. 거듭난 성도가 해야 할 일

예수를 믿고 주님을 영접하여 거듭난 성도는 사모해야 할 것과 버려야 할 것이 있습니다. 그래야 날마다 계속적으로 신앙성장을 이룩할 수 있는 것입니다.

① 우리가 사모해야 할 것이 무엇입니까? 다음을 읽고 살펴봅시다.

☞ 베드로전서 2장 2절을 읽으세요(P.378).

② 우리가 버려야 할 것은 무엇입니까? 다음을 읽고 살펴봅시다.

☞ 베드로전서 2장 1절을 읽으세요(P.378).

3. 믿음에 장성한 신자

나무를 심었으면 자라야 되고 곡식도 심었으면 자라서 꽃이 피고 열매를 맺어야 하듯이, 신자도 한번 예수를 믿었으면 믿음의 나무가 날마다 자라가야 합니다.

그런데 문제는 무엇입니까?

나무도 심으면 자라고 곡식도 심어서 세월이 지나가면 자라서 열매를 맺지만, 신앙은 예외적이라는 사실입니다. 신자가 게으르고 나태할 대, 그 믿음은 10년, 20년 아니 몇백 년이 지나도 자라지 않고 그대로입니다. 우리는 이것을 어린 아이 신앙이라고 합니다. 그러나 신앙은 우리가 하기 여하에 따라서는 단시일 내에 성장하여 장성한 믿음의 분량으로 됩니다.

다음을 읽고, 어린 아이 신앙과 장성한 신앙의 차이를 살펴봅시다.

☞ 히브리서 5장 11~14절을 읽으세요(P.357). ______________________

____

☞ 고린도전서 3장 1~3절을 읽으세요(P.265). ______________________

____

나눔의 시간

1. 오늘의 공부를 통해 느낀 점을 말해 봅시다.

2. 믿음이 자라지 않아 고민하는 문제를 이야기 해 보고, 해결 방안을 찾아봅시다.

제34과

하나님의 감동으로 된 책

● 본문 : 딤후 3:14~17(P.346)
● 찬송 : 287(통205), 392, 502(통259)

할렐루야! 전도합시다!

예화

인간을 변화시키는 말씀

성 어거스틴은 어려서 방탕한 삶을 살았지만, 로마서 13장 12-14절을 통해서 근원적으로 변화되었습니다. 종교개혁자 마틴 루터는 로마서 1장 17절의 "의인은 믿음으로 말미암아 살리라"는 말씀으로 깨닫고 종교개혁을 일으켰습니다. 조지 뮬러는 시편 65편 5절의 "하나님은 고아의 아버지"라는 말씀을 통해서 변화되어 일생을 고아사역에 헌신하여 '고아의 아버지'라고 불렸습니다. 밀림의 성자 알버트 슈바이쳐 박사는 누가복음 16장 19-31절의 부자와 나사로의 비유를 읽으면서 변화되어 나사로와 같이 불행한 삶을 사는 아프리카 흑인들을 위한 삶을 살기로 작정하여 밀림으로 들어갔습니다. 이와같이 하나님의 말씀은 사람을 감동시켜 인격적으로 변화를 일으키며, 근원적으로 새 사람이 되게 합니다.

이 세상에는 수많은 책들이 있습니다. 그중에 성경은 인간에게 죄악세상에서 영생을 얻는 길인 구원의 삶을 제시해 줍니다. 그러면, 성경은 어찌하여 이 같은 역할을 수행할 수 있습니까? 성경은 하나님의 감동으로 기록된 하나님의 말씀이기 때문입니다. '하나님의 감동' 이라는 말은 문자적으로는 '하나님의 숨으로 되다' 또는 '하나님의 기운으로 되다' 라는 말로서, 성경이 하나님의 영감을 통해서 기록되어 하나님 계시에 대해 정확무오한 것임을 의미합니다. 그렇다면, 성경은 오늘날 우리가 말씀 안에서 어떻게 살아가도록 말합니까?

1. 배우고 확신한 일에 거하라(14절)

'확신한' 이라는 말은 신약에서 나오는 말로서, '어떤 도전에도 흔들리지 않는 확실한 신념' 을 의미합니다.

바울은 무엇 때문에 이런 말을 했을까요? 디모데는 바울의 영적인 믿음의 아들로서 바울의 전도 여행에 동참한 자였습니다. 그런데 어느 날 바울이 로마의 감옥에서 풀려난 직후에 마게도냐로 전도여행을 가게 되었습니다. 이 당시에 에베소 지역에 문제가 있었는데, 거짓교사에 의한 거짓교리의 전파였습니다. 바울은 이 문제를 처리하기 위해 디모데를 에베소 교회에 파송하였고(딤전 1:3), 이것을 격려하기 위해 디모데전서가 기록되었습니다.

그러나 A.D. 64년경에 있었던 '로마의 대화재' 가 기독교인의 소행으로 돌려진 다음, 그리스도인들은 심한 박해를 받게 되었고 그 와중에 바울은 또다시 체포되어 구금됩니다.

바울은 네로의 박해 중에도 교회가 진리 안에 굳건히 서기를 바랐습니다. 그래서 그는 디모데를 격려하면서 네가 지금까지 배운바 진리를 굳게 붙들고 어떤 핍박, 환난, 어려움에도 흔들리지 말고 확실한 믿음으로 나갈 것을 당부한 것입니다. 마찬가지로, 오늘날 우리는 환난 당할 때 어찌해야 할 것입니까?

다음을 읽고, 말씀을 생각해 봅시다.

☞ 시편 46편 1절을 읽으세요(P.834). ____________________

____

☞ 요한복음 16장 33절을 읽으세요(P.177). ____________________

____

☞ 로마서 12장 12절을 읽으세요(P.256). ____________________

____

☞ 역대하 20장 9절을 읽으세요(P.681). ____________________

____

2. 구원에 이르는 지혜를 얻으라(15절)

여기서 '지혜' 란 인간에게서 비롯된 세상적인 지혜가 아니라, 성령의 계시에 의해 구원을 이루게 하는 지혜를 의미합니다.

하나님께서 우리에게 성경을 주신 목적은 말씀을 읽어 구원에 이르는 지혜를 얻게 하시기 위함입니다. 사람은 구원에 이르는 지혜를 세상지식으로는 얻지 못합니다. 그것은 오직 성경만이 줄 수 있는 참된 지혜인 것입니다.

다음을 읽고, 말씀의 능력을 생각해 봅시다.

☞ 시편 19편 7~10절을 읽으세요(P.814~815). ______________

____

3. 참된 유익을 얻으라

세상경전과 기독교경전의 차이에 대해 어떤 사람은 이같이 말했습니다. “세상경전은 교훈은 많지만 실천이 없고, 기독교경전인 성경은 교훈은 적지만 그대로 실천하여 살았더니 엄청난 역사를 이룬 믿음의 증거들로 가득하다.” 과연 세상교훈에서는 우리가 진정한 의미의 참된 유익을 얻을 수 없습니다. 우리는 성경을 통해서만 이 땅과 내세에까지 연결된 참된 유익을 얻게 됩니다.

☞ 디모데후서 3장 16절을 읽으세요(P.346). ______________

____

4. 온전케 되는 축복을 받으라(17절)

‘온전케 하려 함은’ 에 해당하는 헬라어 ‘엑세르 티스메노스’ 라는 말은 자격이 구비됨을 뜻하는 말입니다.

지식이나 교양은 사람의 인격을 어느 정도 변화시킬 수 있을지는 모르겠으나, 참으로 하나님이 쓰실 만한 기준에 이르는 자격을 구비하도록 해주지는 못합니다. 그러나 성경은 우리로 하여금 하나님이 기뻐하시는 아름다운 인격을 구비토록 이끌어 줍니다.

다음을 읽고 생각해 봅시다.

☞ 시편 119편 97~100절을 읽으세요(P.892). ______________

____

나눔의 시간

1. 오늘의 공부를 통해 느낀 점을 말해 봅시다.

2. 성경말씀이 당신의 삶에 능력이신 것을 체험했다면, 이야기해 봅시다.

제35과

고난의 해결과 말씀

● 본문 : 시 107:15~22(P.882)
● 찬송 : 496(통260), 384(통434), 369(통487)

◆

할렐루야! 전도합시다!

예화

에베레스트 등정

1977년에 지구상에서 가장 높은 에베레스트 산을 세계 에서 8번째로 정복하고 돌아온 등반대원들이 있었습니다. 추위와 산소가 부족한 고산을 오를 때에, 그 고통은 이루 말할 수 없다고 합니다. 그런데, 대원들은 그런 극한 고통속에서 어떻게 그런 어려운 환경을 극복할 수 있었을까요? 등반을 떠나기 전에 사람들은 목사님을 도시고 예배를 드렸습니다. 그때 시편 121편을 목사님이 읽었습니다. "내가 산을 향하여 눈을 들리라 나의 도움이 어디서 올꼬 천지를 지으신 여호와에게서로다." 대원들은 고통이 올 때마다 하나님께서 도우실 것을 믿고 그 말씀을 되뇌이면서 극복해 냈다고 고백을 했습니다. 마침내 1997년 9월 15일 낮 12시 50분에 고상돈 대원이 정상에 올라섰고, 태극기와 네팔기를 정상에 꽂았으며, 그 눈 위에서 성경 시편 121편을 읽고, 성경과 태극기를 눈 속에 파묻고 내려왔다고 합니다.

'선너머 또 산' 이라는 말이 있듯이, 인간이 이 세상을 살아가는 동안에는 수많은 난관과 고난이 엄습합니다. 인생의 성공과 실패는 이런 때에 어떤 자세를 갖느냐 하는 데 달려 있습니다. 어떤 사람은 인생에 풍랑이 닥칠 때 낙망, 좌절합니다. 하지만 믿음의 사람은 또 다른 믿음의 눈으로 내게 오는 풍랑을 바라보며 극복해 갑니다.

오늘 이 시간에는 고난의 원인과 그 해결방법에 대해 생각해 보도록 합시다.

1. 고난의 원인

어떤 사람들은 갑자기 고난이 닥쳐올 때, 좌절하며 하나님을 원망합니다. 하지만 성도는 내게 오는 고난의 원인을 바로 알아서 대처하는 슬기와 지혜가 필요합니다. 성경은 고난의 원인을 다음과 같이 제시합니다. 다음을 찾아 읽고 생각해 봅시다.

☞ 시편 107편 17절을 읽으세요(P.882). ________________

____

☞ 야고보서 1장 13~16절을 읽으세요(P.371). ____________

____

☞ 베드로전서 1장 7절을 읽으세요(P.377). ______________

____

2. 고난에 대한 자세

이 세상에 우리의 대적인 원수마귀가 존재하는 이상, 성도가 때때로 고난당함은 하등의 이상한 일이 아닙니다. 성경은 오히려 보다 적극적으로 "너희를 연단하려고 오는 불시험을 이상한 일 당하는 것 같이 이상히 여기지 말라"(벧전 4:12)고 했습니다. 성경은 우리에게 오는 고난문제가 있을 때에는 오히려 적극 대처하도록 권면합니다. 다음을 읽고, 성경의 가르침을 생각해 봅시다.

☞ 시편 107편 19절을 읽으세요(P.882). ______________________

____

☞ 시편 107편 28~30절을 읽으세요(P.882). ____________________

____

3. 하나님의 응답

우리가 고난당할 때 하나님께 부르짖어 기도하면, 하나님께서는 우리에게 응답하십니다. 분명히 많은 사람들이 그들의 기도에 대한 응답으로 문제의 해결함을 받았습니다. 하나님께서는 우리의 기도에 대한 응답을 어떻게 하시는지, 다음을 읽고 살펴봅시다.

☞ 시편 107편 20절을 읽으세요(P.882). ______________________

____

4. 문제가 해결된 후에는 어찌해야 할지, 다음을 읽고 말해 보시오

인간은 보통위경에 처한 때에는 하나님께 매달리다가도, 그 문제가 해결된 후에는 금방 잊어버리는 습성이 있습니다. 그러나 참된 성도는 감사제를 드리고 노래하며 그 행사를 선포해야 합니다.

☞ 시편 107편 21~22절을 읽으세요(P.882).

나눔의 시간

1. 오늘의 공부를 통해 느낀 점을 말해 봅시다.

2. 당신의 인생, 가정에서 고난당하여 위기 중에 믿음과 기도로 해결된 것이 있으면 말해 봅시다.

제36과

주님의 전신갑주와 말씀

● 본문 : 엡 6:10~17(P.316)
● 찬송 : 342(통395), 348(통388), 352(통390)

◆

할렐루야! 전도합시다!

예화

성경 없는 사회

1969년 푸에블로 호가 북한 공산군에게 나포되었다가 나중에 풀려났습니다. 그때 부커 선장은 북한에서 있었던 일을 사람들에게 간증했습니다. 북한에는 빵도 있고 농구도 할 수 있고 극장도 있는데, 한 가지 부족한 것은 성경을 읽을 수 없었던 것이었다고 했습니다. 그는 말하기를, 성경 없는 사회는 흑암의 사회요, 지옥이라고 했습니다.

성도는 이 땅에 사는 동안 그리스도의 군병으로서 살아야 합니다. 그러므로 군인이 전쟁에서 승리하기 위해 훌륭한 무기로 무장해야 하듯이, 성도는 영적 전쟁에 승리하기 위해 필요한 무기로 무장해야 합니다.

성도가 영적으로 온전히 무장되어 나아갈 때, 우리는 이 땅에서 죄와 악에게 지지 않고 항상 하나님께 영광 돌리는 승리의 삶을 살게 됩니다.

1. 대적을 알아야 한다

"적을 알고 나를 알면 백전백승한다!"는 말이 있습니다. 이는 반대로, 적도 모르고 나도 모르면 백전백패한다는 말도 됩니다.

군인이 어찌 적을 모르고 전쟁에 승리할 수 있겠습니까? 적을 모르는 군인이 그 총구를 어디를 향하여 겨눌 것입니까? 생각만 해도 끔찍하기만 합니다. 그러나 적이 누구인가를 분명히 아는 군인은 항상 그곳을 향하여 무장하고 대비를 할 수 있는 것입니다.

☞ 에베소서 2장 2절을 읽으세요(P.311). ________________

____

☞ 에베소서 6장 12절을 읽으세요(P.316). ________________

____

2. 무기로 무장해야 한다

군인의 숫자가 아무리 많아도 그들의 손에 무기가 들려있지 않다면, 그들은 한낱 허수아비와 오합지졸에 지나지 않습니다. 군인이 군인다우려면, 철저하게 무장되는 것이 필요합니다. 성도가 그리스도의 군병으로서 무장되어 있지 않다면, 우리는 원수마귀와의 싸움에서 승리할 수 없습니다. 그러므로 성도는 무장된 군인과 같아야 합니다.

성경은 우리가 무장해야 할 것에 대해, '하나님의 전신갑주' 라고 합니다. 이것을 가질 때, 우리는 비로소 마귀의 궤계를 능히 대적할 수 있는 것입니다.

다음을 읽고, '하나님의 전신갑주' 에는 어떤 것들이 있는지 살펴보고,

그 의미를 생각해 보십시오.

☞ 에베소서 6장 13~17절을 읽으세요(P.316).

3. 날마다 훈련해야 한다

군인이 총칼로 아무리 무장되어 있을지라도 훈련되지 않은 병사들로 구성되어 있다면, 적 앞에서 무력한 존재가 될 수밖에 없습니다. 그리스도 안에서 성도는 정예요원이 되어야 합니다. 정예요원은 하루아침에 이루어지지 않습니다. 부단한 훈련과 노력을 거쳐서 이루어지는 것입니다.

성도가 날마다 자기 자신을 훈련시켜 나갈 때, 비로소 주님께서 맡기신 사명을 충성되게 감당할 수 있게 됩니다.

성도가 하나님의 전신갑주를 능수능란하게 다루기 위하여 어떤 훈련이 필요한지 다음을 살펴보십시오(P.316).

나눔의 시간

1. 오늘의 공부를 통해 느낀 점을 말해 봅시다.

2. 우리가 신앙의 정예요원이 되는 데 도움이 되는 이야기가 있으면 나눠 봅시다.

제37과

신앙승리와 말씀

● 본문 : 시 119:47~60(P.890~891)
● 찬송 : 250(통182), 246(통221), 384(통434)

할렐루야! 전도합시다!

예화

맨손으로 우물을 파는 여인

선교사 한 분이 중국에 가서 선교활동을 할 때, 한 동네에서 맨손으로 우물을 파는 여인을 발견했습니다. 그녀는 10년 동안 깊이 24자, 너비 10자의 우물을 파고 있었습니다. 그래서 선교사가 "왜 맨손으로 우물을 파고 있습니까?" 라고 물었습니다. 그랬더니 그 부인이 말하기를, "나는 돈도 없고, 명예도 없습니다. 맨손으로라도 우물을 파야 공덕을 쌓게 되고, 그 공덕이 자손들에게 복이 됩니다" 라고 했습니다. 선교사님이 이렇게 말해 주었습니다. "맨손으로는 아무리 깊게 우물을 팔지라도 구원받지 못합니다. 당신에게는 예수가 필요합니다. 예수 믿고 말씀의 뿌리를 내리고 사는 것이 구원받고 자손만대가 축복받는 길입니다." 그후에 그 부인은 변화를 받아 신자가 되었고, 주변의 멸시와 핍박도 다 이겨내고 참 신앙인의 모습으로 살았습니다.

오늘 본문에서 시인은 그를 향하여 세상의 곤란, 수치, 조롱을 당할 때에 어떻게 대처할 것인가를 보여줍니다. 시인은 교만한 자의 조롱과 환난 가운데 처할 때, 세상을 보며 실족치 않았고, 오히려 말씀에 따라 사는 삶을 통해 승리하는 신앙인의 참 모습을 보여 주었던 것입니다.

오늘은 환난과 조롱 속에서 시인이 어떻게 대처해서 신앙승리의 삶을 살았는지 살펴봅시다.

1. 주의 계명을 즐거워했다(47절)

신앙인에게 있어서 능력의 원천은 하나님의 계명의 말씀입니다. 자고로 역사 이래로, 환난과 곤고를 당할 때 하나님의 말씀을 즐거워하여 그를 가까이한 사람치고 신앙과 인생에 실패한 사람은 아무도 없습니다.

어떤 사람은 은혜와 기쁨이 충만한 삶을 살다가도 낙심 절망하여 영적인 힘을 잃어버리는 경우가 있어서 안타깝습니다. 그 원인은 어디에 있습니까? 그것은 다름아닌 기도와 말씀을 멀리함에 기인합니다. 당신의 삶 속에서 기도와 말씀을 즐거워하는 삶을 회복시키십시오. 당신의 삶 속에 하나님의 은혜와 축복을 가져다 줄 것입니다.

다음을 읽고, 말씀의 의미를 생각해 봅시다.

☞ 시편 112편 1~3절을 읽으세요(P.885). ____________________

____

2. 주의 율례를 묵상했다(48절)

시인은 하나님의 말씀을 즐거워할 뿐만 아니라, 그 말씀을 즐거워하여 주야로 묵상하는 삶을 살았습니다. 그 이유는 무엇입니까? 시인이 하나님의 말씀을 묵상할 때, 그는 그에게 오는 모든 곤란과 환난 속에서도 큰 위로와 소망을 얻었기 때문인 것입니다. 하나님의 말씀은 그것을 신뢰하며 즐거워하여 묵상하는 자에게 참된 위로와 소망이 됩니다.

이와 같이 하나님의 백성이 환난 중에 있을 때에는 말씀을 묵상하는 삶을 살아야 새 힘을 얻습니다.

다음을 읽고, 말씀을 생각해 봅시다.

☞ 시편 119편 50절을 읽으세요(P.890). ______________________

____

☞ 시편 19편 14절을 읽으세요(P.815). ______________________

____

☞ 시편 119편 97~100절을 읽으세요(P.892). ___________________

____

3. 주의 법을 떠나지 않았다(51절)

왜 많은 사람들이 신앙생활을 열심히 하다가도 낙심과 실패를 합니까? 그것은 그들이 평안할 때에는 주님 안에 있다가도 고난을 당할 때에는 주님과 말씀을 떠나기 때문입니다.

농부의 아낙네가 키질을 할 때에 보면, 쭉정이는 멀리 날아가 버리지만 알곡은 자꾸 안으로 기어 들어오는 것을 봅니다.

성도는 나의 신앙을 꺾고 방해하려는 어떠한 원수마귀의 방해 앞에서도 절대로 좌절하지 말고, 그러면 그럴수록 더욱 더 주의 법도를 붙들고 그것을 떠나지 않으려 해야 신앙승리의 역사는 일어나는 것입니다.

다음을 읽고, 말씀을 생각해 봅시다.

☞ 잠언 1장 7~10절을 읽으세요(P.910). ______________________

____

4. 주의 말씀을 지키리라 했다(57절)

약속의 땅에 들어온 유대인들이 가나안을 각 지파대로 할당받을 때에 레위 지파에게는 분깃이 없었고 그들에게는 여호와 하나님이 분깃이었습니다. 그러므로 '여호와는 나의 분깃' 이라는 말씀 속에는, 하나님이 나의 삶 전체를 책임져 주신다는 신앙고백적인 의미가 포함되어 있는 것입니다.

성도가 하나님께서 책임져 주시는 삶을 살려면 '여호와는 나의 분깃' 이라는 고백과 함께, 그분의 말씀을 지키려는 노력이 수반되어야 합니다. 주의 계명을 지키려는 자의 자세는 어떤 것인지, 다음을 읽고 말해 봅시다.

☞ 시편 119편 60절을 읽으세요(P.891). ______________________

____

나눔의 시간

1. 오늘의 공부를 통해 느낀 점을 말해 봅시다.

2. 말씀은 신앙승리를 준다고 했습니다. 성경을 많이 읽는 방안을 생각해 보십시오.

제38과

말씀의 등불

- 본문 : 시 119:92~105(P.892)
- 찬송 : 428(통488), 384(통434), 285(통209)

할렐루야! 전도합시다!

예화

호텔에 있는 성경

어떤 실업가 한 사람이 호텔에 투숙하여 잠을 청했지만, 사업 때문에 불안하여 잠을 이루지 못했습니다. 그러다가 우연히 방에 있는 성경을 발견하여 그것을 읽다가 큰 감동을 받았으며, 마음에 평안을 얻고 깊은 잠을 잘 수 있었습니다. 그의 사업도 날로 번창해 갔습니다. 그 사업가는 기드온 협회라는 단체를 만들어, 전 세계의 호텔 객실에다가 무료로 성경을 비치하는 운동을 벌였습니다. 오늘날 호텔에 가면 성경을 볼 수 있는 것이 기드온 협회의 기증으로 이루어진 것입니다. 성경말씀은 불안하고 낙심된 영혼에게 새 힘을 주는 능력이 있습니다.

신자는 언제 어디서나 입만 벌리면 줄줄 나오는, 내가 붙들고 사는 말씀이 있어야 합니다. 그리하여 그 말씀을 지표로 삼고 살아갈 때, 신자는 어떤 고난 앞에서도 승리하는 삶을 살 수 있습니다.

오늘 본문은 시편 기자가 자기가 붙들고 사는 말씀에 대해 말해 주고 있습니다.

오늘은 이에 대해 생각해 보도록 합시다.

1. 말씀이 즐거움이다(92절)

이 세상에는 우리가 취할 수 있는 수많은 즐거움이 있습니다. 세상 사람들은 영의 세계를 모르므로 세속적인 즐거움을 찾습니다. 그러나 시편 기자는 이 세상의 모든 즐거움을 다 물리쳤습니다. 그는 오직 주의 말씀으로 인생의 즐거움을 삼았습니다.

세상적인 즐거움은 잠시 잠깐 동안에 내게 유익을 줄지는 몰라도 인생의 위기나 고난이 올 때에는 아무런 도움이 되지 못합니다. 오히려 그 쪽으로 깊이 들어가면 갈수록, 그것은 인생의 허무함만 남겨줄 뿐입니다.

그러나 말씀은 다릅니다. 신자가 말씀을 가까이 하고 그것을 즐거움으로 삼을 때, 그 말씀은 내 인생에 고난이 닥칠 때에 큰 위안이 됩니다.

다음을 읽고, 그 의미를 생각해 봅시다.

☞ 시편 119편 92절을 읽으세요(P.892). ______________________________

____

☞ 시편 107편 19~20절을 읽으세요(P.882). ____________________________

____

2. 주의 법을 사랑한다(97절)

시편 기자가 말씀을 인생의 즐거움으로 삼고 살 수 있었던 중요한 원동력은 주의 말씀을 너무도 사랑했기 때문입니다.

당신은 누구를 사랑해 본 경험이 있습니까? 우리가 누구를 진정으로 사랑하게 되면, 하루 종일 살면서도 오직 내가 사랑하는 사람에 대한 생각뿐입니다. 심지어 어떤 사람은 상대편은 자기의 사랑을 받아들이지 않지만, 일방적으로 사랑하다가 상사병에 걸리기도 합니다.

다음을 읽고, 말씀을 사랑하는 자가 취할 태도에 대해 살펴봅시다.

☞ 시편 119편 97절을 읽으세요(P.892).

3. 말씀의 맛을 안다(103절)

시편 기자가 말씀을 묵상하는 삶을 살아갈 때에는 그 말씀의 맛을 알게 되었습니다. 그 맛이 얼마나 아름답던지, "주의 말씀의 맛이 내게 어찌 그리 단지요 내 입에 꿀보다 더하나이다"라고 했습니다.

꿀은 모든 자연식품 중에서 가장 단맛이 뛰어난 식품으로서, 그 당도나 영양가 면에서 최고의 수준을 지니고 있습니다. 이는 무엇을 의미합니까? 하나님의 말씀은 신자의 영혼을 아름답게 살찌우는 데 있어서 최고의 가치가 있는 양식이 된다는 것을 보여주는 것입니다.

다음을 읽고, 우리가 말씀을 부지런히 섭취해야 될 이유에 대해 생각해 봅시다.

☞ 잠언 24장 13~14절을 읽으세요(P.936).

4. 말씀은 등이요 빛이다(105절)

예수님께서는 비유가 아니면 말하지 아니하셨다고 말할 정도로, 성경에는 수많은 비유가 있습니다. 이 세상은 악한 영의 역사가 심하여 어두운 세상이라고 합니다. 이 어두운 세상에서 신자가 안심하고 인생길을 가려면 등불이 필요합니다.

우리가 등불을 들고 인생길을 간다면 이 세상이 아무리 어두워도 넘어지거나 쓰러지지 않고 나아갈 수가 있는 것이요, 악한 영의 미혹을 능히 물리칠 수가 있는 것입니다. 시편 기자는 이런 의미에서 주의 말씀을 등불이라고 했습니다.

다음을 읽고, 우리가 말씀을 등불삼아 갈 때에 어떤 유익이 있는지 살펴봅시다.

☞ 잠언 14장 27절을 읽으세요(P.924). ________________

____

☞ 시편 119편 100절을 읽으세요(P.892). ________________

____

나눔의 시간

1. 오늘의 말씀을 통해 느낀 점을 말해 봅시다.

2. 한밤중에 자동차를 타고 길을 갈 때, 목적지까지 도착하는 과정을 생각해 보고 나눠봅시다.

제39과

말씀의 능력

● 본문 : 시 33:4~11(P.823~824)

● 찬송 : 288(통204), 352(통390), 492(통544)

할렐루야! 전도합시다!

예화

나를 붙들고 있는 말씀

미국에 있는 어떤 목사님은 가난한 농부의 아들로 태어났기 때문에 어려서부터 많은 고생을 했고, 힘들고 어려운 때가 많았습니다. 청년시절에도 힘들게 신학을 공부했는데, 늘 힘들고 어려울 때마다 "아무것도 염려하지 말고 다만 모든 일에 기도와 간구로 너희 구할 것을 감사함으로 하나님께 아뢰라. 그리하면 모든 지각에 뛰어난 하나님의 평강이 그리스도 예수 안에서 너희 마음과 생각을 지키시리라"(빌 4:6-7)는 말씀을 붙들고 기도했다고 하였습니다. 그 말씀을 붙들고 기도하면 마음에 평강이 생기고, 시간이 지나면 기도의 응답이 이루어지는 것을 체험했습니다. 지금도 힘들고 어려울 때에는 그 말씀을 붙들고 기도한다고 했습니다.

오늘 본문의 말씀은 능력에 대해서 가르쳐주고 있습니다. 우리가 말씀에 의지하여 살 때, 그 말씀은 우리 인생에 있어서 근심, 걱정, 불안, 염려, 낙심 등을 물리쳐주고 우리 심령에 기쁨, 감사, 즐거움이 솟아오르게 합니다.

그러면 말씀에는 어떤 능력이 있기에 이같은 역사가 일어나는 것일까요? 오늘은 여기에 대해서 말씀을 공부해 보도록 합시다.

1. 성취력이 있다(4절)

성경에는 이런 말이 있습니다. "사람이 마음으로 자기의 길을 계획할지라도 그 걸음을 인도하는 자는 여호와시니라"(잠 16:9).

우리가 아무리 내 인생의 길을 계획해도 내 뜻대로 다 되는 것은 아닙니다. 그러나 인간 편에서 불가능해 보여도 하나님의 말씀에는 성취력이 있어서, 주님의 말씀하시는 바는 100% 성취되어 돌아옵니다. 그러므로 신자가 믿음과 인생에서 승리하는 길은 이 하나님의 말씀을 붙드는 것입니다. 당신의 인생에 어떤 문제가 생기지는 않나요? 그럴 때일수록 낙심, 절망하지 말고 더욱 말씀 속으로 깊이 들어가십시오. 하나님은 그곳에서 역사하십니다.

☞ 이사야 55장 11~12절을 읽으세요(P.1035). ________________

____

☞ 누가복음 5장 4~6절을 읽으세요(P.96). ________________

____

2. 창조력이 있다(6절)

하나님께서 태초에 만물을 창조하실 때, 어떤 물질을 가지고 창조하신 것이 아닙니다. 이것은 무(無)에서 유(有)로의 창조인데, 순수하게 살아있고 운동력이 있는 믿음의 말씀으로 창조하신 것입니다.

성경은 "하나님의 나라는 말에 있지 아니하고 오직 능력에 있음이라"(고전 4:20)고 했습니다. 뿐만 아니라 말씀은 살아있고 운동력이 있다고 했습니다(히 4:12). 그러므로 당신의 믿음을 산 믿음으로 바꾸십시오. 죽은 믿음은 자기 철학, 자기 이론, 자기 경험 등을 의지하지만 살아있는 믿음은 오직 하나님의 말씀에 의지합니다. 기적은 여기서 일어납니다.

☞ 마태복음 8장 8, 10, 13절을 읽으세요(P.11). ____________________

____

3. 조성력이 있다(7절)

애굽 군대의 위험 앞에서 하나님은 이스라엘 백성을 어떻게 구원하셨습니까? 인간적으로는 도저히 불가능해 보이는 방법을 동원하여 바닷물을 무더기 같이 쌓아 양편으로 가르셨던 것입니다.

성경은 하나님께서 물을 쌓아 조성하신 사건을 몇 차례 언급합니다. 궁창 아래의 물과 궁창 위의 물(창1:7), 요단강 물을 가르심(수 3:3~17), 홍해를 가르심(출 14:21) 등입니다. 여기에서 우리는 무엇을 알 수 있습니까?

하나님이 바닷물을 조성하여 쌓으실 수 있는 분이시라면 우리 앞에 어떤 문제인들 해결하지 못하시며, 어떤 축복인들 쌓아주시지 못하겠습니까? 문제는 믿음입니다. 믿음만 있으면 하나님은 붙들어 주십니다.

☞ 이사야 41장 10절을 읽으세요(P.1015). ____________________

____

4. 견고력이 있다(9절)

이 세상에는 총과 칼로 막을 수 있는 게 있고, 방패까지 동원해도 막을 수 없는 게 있습니다. 세상에 속한 영은 영원하지 않습니다. 모두 일시적인 것뿐입니다. 당신의 건강, 명예, 권세, 재물 등 모든 것이 유한한 것입니다. 그러나 믿음의 사람은 하나님께서 붙들어 주십니다. 어떤 위험 앞에서도 견고케 해 주십니다.

다음을 읽고, 그 의미를 생각해 봅시다.

☞ 시편 127편 1절을 읽으세요(P.897). ______________________

____

☞ 마태복음 7장 26~27절을 읽으세요(P.11). ______________________

____

나눔의 시간

1. 오늘의 공부를 통해 느낀 점을 말해 봅시다.

2. 당신은 위기 앞에 서 있을 때에도 하나님의 말씀이 붙들어 줄 것을 확신하십니까? 신앙고백을 말해 봅시다.

제40과

성도와 섬김의 삶

● 본문 : 롬 12:9~21(P.256)
● 찬송 : 92(통97), 292(통415), 212(통347)

할렐루야! 전도합시다!

예화

전주 예수병원과 섬김사역

전주에 가면 전주 예수병원이 있습니다. 그 병원에서는 선교회를 조직해서 2004년에는 국제 NGO로 등록해서 국내외에서 봉사활동을 하고 있으며, 해외 10여개의 나라에 의료봉사팀을 파견하여 세계 각 지역의 의료불모지에서 선교와 의료봉사 프로그램, 긴급재난구호 프로그램을 돕습니다. 2003년 국내 최초로 설립된 외국인 근로자 무료진료센터에서는 외국인 근로자를 돕고 있고, 23년 전통의 암환자 후원회에서는 불우 암환자 2,600여명에게 새로운 희망을 주었습니다. 이외에도 정신장애우 후원사업, 약물중독센터, 농약중독환자 지원사업, 극빈자 지원사업, 호스피스 사업, 학대아동 의료보호센터 등을 운영합니다. 전주 예수병원에서 이와 같이 적극적으로 사회봉사활동을 하는 것은 109년 역사의 예수병원이란 이름에서 그대로 드러납니다. 그것은 예수님의 말씀처럼 생명을 사랑하고 상처받은 사람을 섬기는 일을 하나님 앞에서 부끄러움 없이 실천하는 설립정신 때문입니다.

예수를 구주로 믿는 사람은, 그 사람이 무엇을 하든지 생활 속에서 섬기는 삶이 중요합니다. 신자의 삶 속에서 나의 유익을 따라 사는 것이 아니라, 하나님의 영광을 위하는 낮은 자리에서 섬기는 실천적인 삶의 정신을 통해 복음전도의 역사가 나타나게 됩니다.

로마서 1~11장에서는 하나님의 구원의 은혜가 크심에 대해, 그리고 12장부터는 크신 은혜로 구원받은 신자의 섬김의 삶이 무엇인지를 보여주고 있습니다.

그렇다면, 신자의 섬김의 삶은 어떻게 해야 할 것인가요?

1. 주님을 섬기는 삶을 살라

오늘날 많은 신자들은 주님을 위해 무엇을 할 것인가를 생각하기에 앞서, 주님으로부터 무엇을 얻을 것인가에 더 관심이 있는 것 같습니다.

예수님께서는 이 땅에 오시면서 섬김을 받으려 함이 아니라 도리어 섬기려고 오셨다(마 20:28)고 하셨습니다. 억만 가지 죄악을 가진 우리가 깨끗해서가 아니라 오히려 우리 죄를 대신해서 십자가를 지시고, 구원시키시려고 오신 것입니다.

우리가 주님의 이 은혜를 통해 죽을 몸에서 구원을 얻었으니, 얼마나 감사하고 감격스럽습니까? 그러므로 신자가 일평생 사는 동안에 주님을 섬기는 삶을 사는 것은 당연합니다.

신자가 주님을 섬기는 삶을 살 때, 어떤 자세가 필요합니까?

☞ 로마서 12장 11절을 읽으세요(P.256). ____________________

____

2. 이웃과 형제를 섬기는 삶을 살라

주님의 섬김을 통해 구원의 은혜를 받은 우리들은 주님께 '빚진 자' 입니다. 그러므로 신자는 주님께 받은 이 사랑의 빚(롬 13:8)을 성도 섬기는 일로 갚아 나가야 합니다. 신자의 신앙생활은 사랑의 빚을 갚아 나가는 심정으로 해야 함을 가르쳐주는 것입니다.

① 섬김의 삶을 서로 먼저 하라.

예수님의 사랑은 '먼저 사랑' 입니다. 그러므로 성경은 "그가 먼저 우리를 사랑하셨다" (요일 4:19)고 강조하고 있습니다. 이 말은 주님은 우리가 의인이었을 때에 사랑하신 것이 아니라 우리가 아직 죄인 되었을 때에 십자가에 죽으심으로 우리에 대한 하나님의 사랑을 확증하신 것(롬 5:8)을 의미합니다. 그러므로 먼저 사랑을 받는 성도는 누가 나를 먼저 사랑해 주기를 기다리며 사랑을 받으려고만 하지 말고, 나도 주님을 따라서 '먼저 사랑' 을 갖고 '먼저 섬김' 의 자세로 신앙생활을 하리라는 전환적 신앙결심의 자세를 가져야 합니다.

다음을 읽고, '먼저 섬김' , '먼저 사랑' 을 실천하기 위해 필요한 우리의 신앙자세에는 어떠한 것이 요구되는지 토의해 보십시오.

☞ 로마서 12장 10절을 읽으세요(P.256). ____________________

____

② 소망 중에 즐거워하며 환난 중에 참으며 기도에 항상 힘쓰라(12절).
예수 믿는 사람은 자신만이 아니라 주변에 나를 바라보고 있는 사람들이 많음을 항상 인식하고 있어야 합니다. 믿는 내가 조그만 일에도 낙심, 절망하고 불평불만 한다면 누가 그 모습을 보고 은혜를 받겠습니까? 그러나 우리가 어떤 어려운 환경 중에도 참고 인내하며 기도하고 기쁨으로 즐거워한다면, 그 모습이 바로 다른 형제를 섬기는 신앙이 되는 것임을 기억하십시오.

③ 베푸는 삶을 살라(13절).
항상 받기만 하고 줄 줄 모르는 사해 바다는 죽은 바다가 되고 말았지만, 받아서 베풀 줄 아는 갈릴리 바다, 요단강은 생명이 충만히 있음을 우리는 압니다.
하나님께서는 예수 그리스도의 이름으로 베푸는 자를 축복하십니다. 우리가 주의 이름으로 베푸는 삶을 살 때에 더욱 축복받고, 영혼구원의 역사가 나타나게 됨을 기억하십시오. 다음을 읽고 그 의미를 생각해 봅시다.
☞ 마태복음 25장 31~46절을 읽으세요(P.44~45).

④ 핍박자를 위해 축복하라(14절).
모세의 법은 '눈은 눈으로, 이는 이로' 갚으라는 것이지만, 그리스도의 사랑의 법은 원수를 사랑하라는 것이요 축복하라는 것입니다. 사람들은 이것을 잘 이해하지 못합니다. 그러면 우리의 핍박자에 대해

서 우리가 축복할 수 있는 이런 여유는 어디에서 나오는지 다음을 읽고 생각해 보십시오.

☞ 로마서 12장 17~21절을 읽으세요(P.257). ______________________

____

나눔의 시간

1. 오늘의 공부를 통해 느낀 점을 이야기 해 봅시다.

2. 베푸는 삶을 통해 받은 은혜가 있으면 나눠 봅시다.

제41과

하나님을 섬기는 삶

●본문 : 삼상 7:3~12(P.417~418)
●찬송 : 254(통394), 384(통434), 369(통487)

할렐루야! 전도합시다!

예화

섬기는 삶의 능력

새에덴교회의 소강석 목사는 지고는 못사는 성격이어서, "나는 어려서부터 싸움에서 지는 것을 못견디어 했습니다. 우리 집 개가 남의 집 개한테 져도 밤잠을 설쳤다. 그리고 친구들과의 사소한 말싸움도 우겨서라도 반드시 이겨야 잠자리가 편했다" 고 고백했습니다. 그러나 그가 주님의 복음을 영접하고, 은혜를 받아 변화된 후로는 양보와 희생의 아름다움, 섬김의 위력이 얼마나 큰 것인지를 깨닫게 되었습니다. 그후로는 섬기려고 노력하는 삶을 살았는데, 하나님께서 자신과 교회를 축복해 주셨다고 했습니다. 프랜시스 후쿠야마 교수는 "섬기는 자가 보이지 않는 영토를 점령한다" 는 유명한 말을 했는데, 성경도 "온유한 자가 땅을 기업으로 받는다"(마5:5)고 했습니다. 이 시대에 주님은 나 자신만을 빛내는 스타를 찾기보다는 희생과 양보, 섬김의 영웅을 찾고 계십니다. 하나님 나라의 진정한 영웅은 먼저 낮은 자리에 들어가서 섬기는 자입니다.

오늘 본문은, 하나님을 떠났던 엘리 제사장과 그의 아들들이 블레셋과의 전쟁에서 지고 하나님의 법궤까지 빼앗겼지만, 하나님의 특별하신 역사로 법궤가 돌아오자 사무엘이 온 이스라엘 백성을 미스바로 모아놓고, 이제부터 우리가 하나님께 축복과 은혜를 입고 살 길은 오직 하나님만 섬기는 길이라는 것을 가르치는 내용입니다.

오늘은, 우리가 하나님만 섬기며 살아가려면 어떻게 해야 할 것인지에 대해 알아봅시다.

1. 우상숭배를 버리라(3절)

이스라엘 백성이 애굽에서 광야를 지나 가나안에 입성해서부터는 농사를 짓기 시작했습니다. 원래 농사를 모르던 이스라엘 백성들은 가나안 원주민들에게 농사를 배우며, 원주민들이 농사를 지으며 섬기던 바알(태양神)과 아스다롯(풍요의 神)을 자연스럽게 따르게 되었습니다. 이는 농사를 저들이 잘 되게 해 줄 것이라고 여겼기 때문입니다.

그런데 이스라엘 백성들은 하나님을 섬기는 백성이었지만, 이 세상의 모든 것을 주관하시는 분이 우상들이 아니라 만군의 주 여호와 하나님이심을 망각했으므로 하나님이 가장 싫어하는 우상숭배를 자행했던 것입니다. 여기에서 사무엘 선지자는 온 족속이 전심으로 하나님께 돌아오려면 이방의 우상숭배를 버려야 한다고 강조합니다.

다음을 읽고, 하나님께서 우상숭배를 싫어하시는 이유를 생각해 봅시다.

☞ 출애굽기 20장 4~6절을 읽으세요(P.112~113). ______________

____

2. 마음을 여호와께로 향하게 하라(3절)

이스라엘 백성들이 이방의 우상신을 섬기고 있었다는 것은, 그들이 하나님을 떠나 마음을 이방의 우상들에게 빼앗겼음을 의미합니다. 우리가 기억할 것은, 신앙생활에서의 문제는 자신의 마음을 빼앗기는 데서부터 발생한다는 것입니다.

사무엘은 이것을 지적하며 빼앗긴 마음을 되찾아 올 것을 말합니다.

다음을 읽고, 성도가 자신의 마음을 빼앗기지 않고 어떻게 하나님을 섬겨야 할지에 대해 생각해 봅시다.

☞ 신명기 6장 4~6절을 읽으세요(P.271). ______________

____

3. 오직 하나님만 섬기라(3절)

인간에게 있어서 믿음의 대상은 오직 여호와 하나님뿐이십니다. 나머지 우상들은 하나님을 모르는 백성들이 스스로 만든 것입니다. 그러므로 신자는 하나님 외에 다른 신을 섬겨서는 안 됩니다. 왜냐하면 그런 모든 것들은 거짓된 것이요, 허탈한 것이기 때문입니다.

다음을 읽고, 하나님만을 섬기라는 말을 듣지 않은 이스라엘 백성의 결국이 무엇인가 살펴봅시다.

☞ 예레미야 25장 1~11절을 읽으세요(P.1090).

4. 회개하며 기도하라

하나님만을 잘 섬기는 생활 중의 하나는, 자신의 잘못을 뉘우치고 회개하는 생활을 하는 것입니다. 하나님께서는 교만한 자를 물리치시고 회개하는 자를 받으신다는 사실을 기억하십시오. 이스라엘 백성이 회개하며 기도를 하자, 하나님께서는 그들이 위기를 당할 때에 구원하셨습니다.

다음을 읽고, 하나님의 도우심을 살펴보십시오.

☞ 사무엘상 7장 7~11절을 읽으세요(P.418).

5. 받은바 은혜를 기억하라(12절)

사무엘은 하나님의 도우심으로 블레셋을 물리친 후에 돌을 취하여 미스바와 센 사이에 세워 그 이름을 '에벤에셀' 즉 '도움의 돌' 이라 하였고, 후세에 하나님의 은혜와 축복을 길이 전하려고 했습니다. 신자가 하나님의 은혜를 기억함은 대단히 중요합니다.

이런 사람은 그 입에서 항상 감사와 찬송만 나오며 오직 하나님만 섬기나, 은혜를 기억하지 못하는 자는 항상 불평, 낙심, 원망으로 살 것입니다.

모세는 가나안 입성을 앞둔 출애굽 2세들을 향해 신앙적 권면을 하면서 이 부분을 강조했습니다.

☞ 신명기 5장 15절(P.270)과 신명기 8장 2절(P.274)을 읽으세요.

나눔의 시간

1. 오늘의 공부를 통해 느낀 점을 말해 봅시다.

2. 예수를 믿기 전에 우상숭배했던 경험이 있다면, 지금과 어떤 차이가 있는지 말해 봅시다.

제42과

목회자를 섬기는 생활

● 본문 : 왕상 17:8~16(P.545~546)
● 찬송 : 246(통221), 292(통415), 354(통394)

할렐루야! 전도합시다!

예화

청비환과 평강한의원

알레르기성 비염과 축농증 치료에 탁월한 '청비환' 을 개발하여 전국에서 수많은 사람들이 병원에 몰려옴으로 널리 알려진 평강한의원의 이환용 원장은 처음부터 성공한 사람이 아니었습니다. 그는 고교시절에 교통사고를 당해 학업에 충실하지 못해, 내신 15등급의 성적부진아였습니다. 하지만 침술로 다친 다리가 회복되면서 하나님께 기도하며 한의사가 되겠다는 꿈을 갖게 되었으며, 한의대 도전 8수만에 동국대 한의대에 입학했고, 상지대에서 석사학위를, 경희대에서 본초학으로 박사학위를 받았습니다. 지금은 경기도 포천의 해발 300m 분지에 50억원을 들여서 평강식물원을 개원하여, 18만평에 5,000여종의 각종 약용식물을 기르고 있습니다. 그가 이렇게

까지 성공하게 된 데에는 재수시절부터 침술과 지압으로 동네 어르신들을 섬기면서 '학생의사'로 불렸던 게 계기였습니다. 그에게 침을 맞으러 왔던 어떤 할머니 한 분이 참느릅나무 뿌리가 콧병에 효과적이라는 말을 하시는 것을 듣고, 연구를 거듭한 끝에 청비환을 개발하게 된 것입니다. 평강한의원에서는 목사님들이 알러르기 비염으로 고통받을 때에는 무료로 치료하며 섬기고 있습니다.

하나님께서는 섬김의 사람을 통해서 축복해 주십니다. 섬기는 삶을 사는 것이 처음에는 손해가 나는 것처럼 느껴지기도 합니다. 하지만 하나님께서는 온유로 섬기는 사람에게 기업을 주시며(마5:5), 셀 수 없는 축복으로 갚아 주십니다.

본문은 엘리야 선지자가 아합 왕의 분노를 피하여 사르밧 과부 여인의 집으로 피신한 때의 이야기입니다. 여기에서 가뭄으로 지친 사르밧 여인이 어떻게 해서 3년 6개월의 가뭄 동안 밀가루와 기름통에 기름이 떨어짐 없이 살 수 있었는지 알아보도록 합시다.

1. 그녀는 섬김의 삶을 통해 축복을 받았다

팔레스타인 지역에는 수년 동안 가뭄이 계속되어, 백성들은 고통을 받고 있었습니다. 아들과 함께 살고 있는 사르밧 여인도 이제는 마지막으로 먹고 죽을 수밖에 없을 만큼의 양식만 있었습니다. 이때 엘리야 선지자가 찾아와 먹을 것을 그녀에게 요청했습니다. 하나님을 섬기는 그녀는 엘리야 선지자의 요청에 대해 흔들릴 수밖에 없었습니다. 그러나 그녀는 자기보다 선지자를 우선해서 섬기는 결단을 합니다. 이것은 그녀에게 가뭄 속에서도 굶주리지 않는 축복을 안겨준 것이 되었습니다.

신자가 하나님으로부터 쓰임을 받는 사역자들과 하나님의 사람들을 귀하게 대접하는 일은 하나님께서 기뻐하시는 일입니다. 이는 그들이 위대해서가 아니라, 하나님으로부터 보내심을 받아 대사의 역할을 감당하는 것이기 때문입니다.

오늘은 그리스도인의 섬김의 삶에서, 하나님의 종들을 섬기는 생활에 대해 살펴보도록 하겠습니다.

2. 목회자를 섬기는 방법

① 기도로 섬길 것입니다.

다음을 읽고, 옥중에 갇혀 고통받고 있는 베드로 사도가 어떻게 해서 풀려났는지 살펴보도록 하십시오.

☞ 사도행전 12장 5,12절을 읽으세요(P.208). ____________________

____

② 위로를 통해 섬길 것입니다.

다음을 읽고, '오네시보로' 의 섬김을 살펴봅시다.

☞ 디모데후서 1장 15~18절을 읽으세요(P.343). ____________________

____

(참고) "원하건대 주께서 오네시보로의 집에 긍휼을 베푸시옵소서 그가 나를 자주 격려해 주고 내가 사슬에 매인 것을 부끄러워하지 아니하고 로마에 있을 때에 나를 부지런히 찾아와 만났음이라 "(딤후 1:16~17, 개역개정판)

③ 허물을 덮어줌으로써 섬길 것입니다.

☞ 고린도후서 11장 1~2절을 읽으세요(P.297). ____________________

____

④ 물질을 통해 섬길 것입니다.

☞ 갈라디아서 6장 6절을 읽으세요(P.309). ____________________

____

☞ 누가복음 8장 1~3절을 읽으세요(P.103). ____________________

____

⑤ 순종과 복종으로 섬길 것입니다.

☞ 히브리서 13장 17절을 읽으세요(P.369). ____________________

____

⑥ 목숨을 돌보지 않고 섬길 것입니다.

☞ 빌립보서 2장 30절을 읽으세요(P.320). ____________________

____

⑦ 심복으로 섬길 것입니다.

☞ 빌레몬서 1장 10~12절을 읽으세요(P.351). ____________________

____

(참고) '심복' 이라는 말은 헬라어의 '스플랑크논' 이라는 말로서 '내장' 또는 '심장' 을 의미하고, 동사 '스플랑 크니조마이' 는 '긍휼히

여기다' 라는 뜻을 갖고 있습니다.

나눔의 시간

1. 오늘의 공부를 통해 느낀 점을 말해 봅시다.

2. 우리 구역이 우리 교회의 목회자를 어떻게 섬기면 좋을지 토의해 봅시다.

제43과

성도를 섬기는 생활

●본문 : 롬 15:25~19(P.260~261)
●찬송 : 510(통276), 370(통455), 384(통434)

◇

할렐루야! 전도합시다!

예화

아버지와 아이

어떤 가족이 휴가를 갔습니다. 아버지와 어린 아이가 달리기 시합을 했습니다. "요이-땅!" 아버지와 아이는 열심히 뛰었습니다. 그런데, 간발의 차이로 아이가 이기고, 아버지는 지고 말았습니다. 사실상 아버지가 충분이 이길 수 있는데도 불구하고 져 주었던 것입니다. 아버지와 아이는 이어서 팔씨름을 했습니다. 아이는 신이 나서 더욱 열심히 했습니다. 그런데, 팔씨름에서도 3판 2승으로 아이가 아버지를 이겼습니다. 아이는 신이 났고 아버지와의 놀이를 더욱 즐거워했습니다. 진정한 힘은 무엇입니까? 그것은 이길 수 있는데도 불구하고 질 줄 아는 것입니다. 모든 데에서 이기려고만 하는 사람은 결국 깊은 고독과 외로움에 빠지게 됩니다. 하지만 섬김의 사람은 진정한 승리자이며, 복음의 빛을 드러냅니다. 신자는 나의 것을 통해서 섬김의 삶을 실천할 때에 빛이 드러납니다.

바울 사도는 A.D. 57년경에 제 3차 전도여행을 마치고 예루살렘으로 귀환하고 있었습니다. 이때 그는 여러 가지 신앙적 박해와 사회환경으로 인해 빈곤해진 예루살렘 교회와 신자들을 위해 이방인 교회인 아가야 교회(고린도를 중심으로 하는 헬라지역)와 마게도냐 교회(헬라의 북쪽에 있는 지역으로 빌립보, 데살로니가, 베뢰아 교회 등) 가 행한 연보를 가지고 있었는데, 바로 이렇게 신앙적으로 베푸는 행위가 곧 성도의 섬기는 삶의 일환이라고 말하고 있습니다. 오늘은 초대 교회 성도들이 어떻게 성도를 섬겼는지 살펴보도록 하겠습니다.

1. 기쁜 마음으로 했다(26절)

섬김의 삶은 부득이함이나 억지로는 할 수 없습니다. 섬김은 자발적이요, 즐거운 마음이나 기쁜 마음을 가질 때에만 가능한 것입니다.

예수님께서는 하나님의 독생자 되시는 분으로서 이 땅에 오셔서 "인자가 온 것은 섬김을 받으려 함이 아니라 도리어 섬기려 하고 자기 목숨을 많은 사람의 대속물로 주려 함이니라"(마20:28)고 하셨는데, 이는 자발적이요 기쁜 마음의 발로에서 나온 말입니다.

우리가 주님을 물질로 섬기고 형제들을 경제적으로 도우려 할 때, 어떤 마음의 자세를 가져야 할지 다음을 읽고 생각해 봅시다.

☞ 고린도후서 9장 7~8절을 읽으세요(P.295). ______________________

____

2. 빚진 자의 자세에서 했다(27절)

어떤 사람은 "우리가 유대인에게 무슨 물질적인 빚을 얼마나 졌단 말인가?"라고 말할는지도 모릅니다. 그러나 바울 사도는 이방인들이 복음을 믿고 구원받게 된 사실은 자기 스스로 된 것이 아니라, 유대인 신자들의 피땀 흘린 헌신을 통해 복음과 성령의 은혜를 전달받았다는 사실을 상기시키고 있는 것입니다.

이방인 신자는 이런 면에서 예루살렘의 유대인 신자들에게 빚진 자입니다. 그러므로 신령한 것을 먼저 나눠 가졌으니, 이제 어려움에 처해 있을 때 그들을 육신의 것으로 섬기는 것은 당연한 것이라는 말입니다.

먼저 믿은 우리는 다 복음에 빚진 자입니다. 우리는 먼저 믿은 자로서 더 연약한 자에 대하여 이 빚을 갚아 나가는 자세로 신앙생활을 해 나가야겠습니다.

다음을 읽고, 우리 또는 구역식구가 함께 진 사랑의 빚을 어떻게 해서 갚아 나갈 수 있을지에 대해 이야기해 봅시다.

☞ 로마서 13장 8절을 읽으세요(P.257). ____________________

____

3. 미리 준비해서 했다

바울 사도는 저들이 섬김의 연보를 미리 준비했음을 격려하고 칭찬합니다.

성도를 섬기기 위하여 하나님께 드려지는 모든 연보는 미리 준비할 때에 참 연보답다는 것을 보여 주는 것입니다. 나의 바른 연보생활은 주님의 몸 된 교회를 통해 다른 성도를 섬기는 중요한 신앙행위입니다. 하나님께서는 이런 정신을 가지고 연보하는 자를 축복하십니다.

이런 의미에서 연보란 말은 헬라어의 '율로기아' 라는 말인데, 이는 축복(blessing)이라는 말과 같은 것입니다.

다음을 읽고, 그 의미를 생각해 봅시다.

☞ 고린도후서 9장 1~2절을 읽으세요(P.295). ________________

____

☞ 고린도후서 9장 5~6절을 읽으세요(P.295). ________________

____

☞ 로마서 15장 28~29절을 읽으세요(P.261). ________________

____

나눔의 시간

1. 오늘의 공부를 통해서 느낀 점을 말해 봅시다.

2. 당신의 연보 준비에 대해서 말해 보십시오.

제44과
성도와 이웃을 섬김

● 본문 : 마 20:20~28(P.34)
● 찬송 : 390(통444), 270(통214), 214(통349)

◇

할렐루야! 전도합시다!

예화

나사렛 웨딩

나사렛 웨딩에서는 경제적 능력이 없는 장애인과 영세민을 위한 무료 결혼식을 진행합니다. 예식의 진행, 웨딩 드레스, 메이크업, 사진촬영, 피로연 등 모든 절차와 비용을 무료로 해 주는 사업을 종종 주관합니다. 지난 2006년 11월에는 서울역 쪽방촌 주민 4쌍의 무료예식을 해 주었으며, 청량리역에서 노숙인 출신 전도사의 결혼식도 무료로 성대하게 열어주었습니다. 북파공작원과 탈북자 출신 등의 소외된 사람들의 결혼식도 무료로 진행했습니다. 나사렛 웨딩의 이런 선한 사업은 심향 대표의 다부진 신앙심이 뒷받침되고 있습니다. 젊어서 사업에 실패하고 실의와 좌절에 있을 때에 나사렛 웨딩을 설립하여, 하나님의 은혜로 크게 성공했던 것입니다. 지금은 마년 30차례의 무료결혼식을 목표로 기도하고 있다고 합니다.

신자가 우리의 이웃에 대해 섬김의 삶을 실천하는 것은 우리의 신앙생활에 있어서 대단히 중요합니다. 우리가 하나님 나라의 신령한 진리에 대하여 잘 모르는 우리 이웃에 대하여 섬김의 자세로 대할 때, 그것을 통해 주님을 나타내게 될 뿐만 아니라 저들의 영혼까지도 구원할 수 있게 되기 때문입니다. 우리의 섬김은 영혼구원에 초점이 있습니다.

예수께서는 서로 주님의 좌우편에 앉으려고 다투어 싸우는 제자들을 향해 이렇게 말씀하셨습니다. "너희 중에 누구든지 으뜸이 되고자 하는 자는 너희 중에 종이 되어야 하리라."

오늘은 신자가 이웃섬김을 어떤 태도를 가지고 실천할 것인지에 대해 살펴보도록 합시다.

1. 내 몸과 같이 사랑하라

우리는 오늘날 핵가족화 된 시대에 살고 있습니다. 이런 시대에 함께 살다보니 우리는 내 이웃에 누가 살고 있는지조차 모르고 지내는 경우가 많고, 서로서로 무관심 속에 살고 있습니다.

우리가 서로 무관심하게 살고 있는 동안 수많은 영혼이 죽어가고 있음을 생각해 봐야 합니다.

신자의 삶은 이 세대와 동일한 삶이 아닙니다.

신자의 삶은 물결을 따라 떠내려가는 죽은 고기와 같은 사람이 아니라, 거친 물결도 거슬러 올라가는 살아 생명력 있는 삶입니다. 그러므로 신자는 이 세대를 본받지 말고 주님을 본받아 이웃사랑을 실천하여 영혼구원에 앞장서야 합니다.

다음을 읽고, 네 이웃 사랑하기를 네 몸과 같이 하라고 하신 말씀의 의미를 생각해 봅시다.

☞ 레위기 19장 17~18절을 읽으세요(P.175). ____________________

____

2. 받고자 하는 대로 대접하라

성경에 나오는 율법과 선지서의 정신은 오늘날의 세태와는 조금 다른 면을 지니고 있습니다.

세상 사람들은 남에게 대접하고 베풀기보다는 남이 나에게 잘 대해 주기를 바랍니다. 그러나 성경의 정신에서 신자의 삶은 남에게 먼저 베푸는 삶, 대접하는 삶이 되어야 함을 강조합니다. 그렇게 함으로써 저들의 영혼을 구원할 수 있기 때문입니다.

예수님도 우리 영혼구원을 위해 먼저 섬기고 베푸셨음을 기억합시다.

☞ 마태복음 20장 28절을 읽으세요(P.34). ____________________

____

☞ 마태복음 7장 12절을 읽으세요(P.10). ____________________

____

3. 친절을 베풀며 살라

이웃섬김의 좋은 모델 중의 하나는 이웃에게 그리스도인으로서의 친절을 베푸는 것입니다. 신자의 밝은 마음과 태도, 그리고 친절의 모습은 이웃을 감동시키게 되고 주님의 영광을 햇빛처럼 드러내게 할 것입니다.

성경의 진리는, 신자의 삶의 모습이 '달'과 같은 역할을 한다는 것입니다. 달은 자기를 드러내지 않습니다. 단지 어두운 밤에 햇빛을 받아 친절히 반사할 뿐입니다. 그런데도 많은 사람들의 마음을 감동시킵니다.

☞ 갈라디아서 6장 10절을 읽으세요(P.309). ____________________

____

4. 희로애락(喜怒哀樂)을 함께하라

기독교에서는 우리 이웃에 대한 희로애락을 함께하는 것도 중요합니다. 이웃의 경조사에 깊은 관심을 가지고 서로 도와야 하며, 특별히 불행한 일을 당한 이웃에 대해 더욱 깊은 관심을 가져야 합니다. 이런 신자의 섬김의 삶은 이웃을 변화시키는 원동력이 됩니다.

다음을 읽고, 그 의미를 생각해 봅시다.

☞ 누가복음 1장 57~58절을 읽으세요(P.88). ____________________

____

☞ 누가복음 15장 9~10절을 읽으세요(P.121). ____________________

____

☞ 누가복음 7장 11~15절을 읽으세요(P.101). ____________________

____

나눔의 시간

1. 오늘의 공부를 통해 느낀 점을 말해 봅시다.

2. 우리 구역에 경조사가 있을 때에 어떻게 할 것인지 의논해 봅시다.

제45과

예수님과 섬김의 본

● 본문 : 요 13:4~11(P.170)
● 찬송 : 216(통356), 347(통382), 510(통276)

◇

할렐루야! 전도합시다!

예화

황군벽 화가와 폭포

황군벽이라는 중국의 유명한 화가가 있습니다. 그가 어떤 미술대학교의 초청을 받아서 한국에 왔습니다. 많은 사람들이 지켜보는 가운데, 그는 화선지에 폭포를 그리겠다고 했습니다. 그런데, 정작 화선지 위에 시원한 폭포의 물줄기를 그리지는 않고 나무와 바위, 풀들을 그려 나갔습니다. 사람들은 의아해 했습니다. "폭포를 그리겠다는 사람이 폭포는 그리지 않고 다른 것들만 드리다니..." 하지만, 놀라운 일이 잠시 후에 일어났습니다. 사람들은 자신의 눈을 의심하지 않을 수 없었습니다. 분명히 화가는 폭포를 그리지 않았는데, 시원하고 힘찬 물줄기가 화선지 위에 저절로 그려진 것입니다. 어떻게 된 일일까요? 폭포 주변의 바위와 나무, 풀 등을 그리고 나니까 아무 것도 그리지 않은 화선지의 여백이 어느 순간 시원한 소리를 내며 힘차게 떨어지는 물줄기가 되어버린 것이었습니다. 폭포의 물줄기를 직접 그리지 않아도 폭포 주변의 나무, 바위, 풀 등이 조화를 이루어서 시원한 폭포를 만들어 낸 것처럼, 신자는 작은 섬김과 헌신을 통해서 예수님의 모습을 나타낼 수 있어야 합니다.

예수님께서는 하나님과 인간의 중보자로서 신(神)이시며 인간이신 분이십니다. 그분은 인간으로서의 희로애락을 지니셨으며, 동시에 신(神)으로서 위대한 통찰력을 지니셨습니다. 주님께서는 하나님의 아들로서, 공생애 기간 중 마지막 때가 이르러 십자가를 지실 때가 임박한 것을 미리 아셨습니다.

예수님께서는 대야에 물을 떠서 제자들의 발을 하나씩 씻기기 시작하십니다. 그리고는 친히 섬김의 본을 보이시며, 너희도 서로 섬기는 삶을 살고 사랑할 것을 가르치신 것입니다.

오늘 우리는 제자들의 발을 씻기시는 예수 그리스도의 모습을 통해 섬김의 삶을 배워야 합니다.

1. 겸손의 표시이다

팔레스타인 지방은 모래가 많고 더운 지역이기 때문에 사람들은 주로 샌들을 신고 다녀서 자주 발이 더러워지곤 했습니다. 그러므로 주인이 밖에 나갔다가 오거나 귀한 손님이 집에 오면, 그 집안 종들은 물로 발을 씻겨주곤 했습니다. 당시에 발을 씻겨주는 일은 종들이 하는 일이었는데, 하늘의 모든 영광과 권세를 한 몸에 지니신 예수께서 이 일을 하셨다는 것은 기회만 있으면 자기를 나타내며 높이기 좋아하는 바리새인, 대제사장, 서기관들과는 대조적인 것으로서 우리에게 겸손하신 그리스도의 삶의 모습을 가르쳐 줍니다.

다음을 읽고, 그리스도의 겸손한 모습을 살펴봅시다.

☞ 빌립보서 2장 5~8절을 읽으세요(P.319). ______________________

____

2. 섬김의 본이시다(14~15절)

주님께서 제자들의 발을 씻기신 행동의 의미는 외적인 의미보다는 오히려 내적이고 영적인 의미가 강합니다. 누가 높으냐고 서로 싸우고 대접받기를 좋아하는 제자들에게, 주님께서는 겸손과 사랑으로 봉사하며 서로 섬기는 실천적인 삶의 모습을 보여 주신 것입니다.

예수님께서는 우리들의 삶의 위대한 스승이시며, 모범이십니다. "나를 본받으라"고 하시는 주님을 따라 크리스찬은 주님의 섬김의 정신을 삶의 현장에서 실천하여 보여줌으로써 주님의 영광이 드러나게 해야 합니다.

다음을 읽고, 그 의미를 생각해 봅시다.

☞ 로마서 12장 20~11, 16절을 읽으세요(P.256~257). ______________

____

☞ 갈라디아서 5장 13절을 읽으세요(P.308). ____________________

____

3. 죄 씻음의 표시이다

예수께서 제자들의 발을 씻기시는 모습의 이면에는 깊은 영적 교훈이

담겨져 있는데, 이는 인간의 죄를 사하시며 모든 불의에서 우리를 깨끗케 하실 분이심을 보여주신 것입니다.

인간의 발은 인간의 행위를 상징합니다.

인간은 예수를 알기 전에 세상의 더럽고 추악한 곳들을 자기 발로 스스로 걸어다니며 죄를 지었습니다. 예수께서 그런 발을 씻기신 것은 인간의 행위로 지은 죄를 씻기시기에 합당한 분이 주님이심을 보여주시는 것이요, 그리스도의 십자가의 보혈로 죄 사함을 받은 인간은 누구나 회개만 하면 모든 죄 사함을 받고 의의 반열에 들게 됨을 보여주시는 것입니다.

다음을 읽고, 그 의미를 생각해 봅시다.

☞ 요한복음 13장 10절을 읽으세요(P.170). ____________________

____

☞ 에베소서 4장 22~24절을 읽으세요(P.314). ____________________

____

나눔의 시간

1. 오늘의 공부를 통해 느낀 점을 말해 봅시다.

2. 우리 구역의 교회 속에서 섬김에 대한 실천방안을 생각해 보고 의논해 봅시다.

제46과

제자들을 위한 예수님의 마지막 기도

● 본문 : 요 17:1~10(P.177)
● 찬송 : 496(통260), 384(통434), 216(통356)

할렐루야! 전도합시다!

예화

가시고기와 우렁이

가시고기는 부성애가 큰 고기로 알려져 있습니다. 가시고기는 암컷이 알을 낳으면 그 알을 수컷이 돌봅니다. 너무 열성적으로 새끼를 돌본 수컷은 새끼 가시고기가 떠날 때에는 굶어 죽고 만다는 이야기가 있습니다. 가시고기와는 달리 우렁이는 모성애가 큰 고기로 알려져 있습니다. 우렁이는 제 몸에다가 알을 낳습니다. 알이 부화하면, 우렁이 새끼들은 어미의 살을 먹고 자라납니다. 다 커서 새끼 우렁이들이 어미를 떠나게 되면, 어미 우렁이는 빈 껍데기만 남게 됩니다. 자기를 희생하여 가시고기와 우렁이는 새로운 생명인 새끼들을 길러내는 것입니다.

오늘 본문에, 예수님께서 요한복음 14, 15, 16장에서 마지막 설교를 하신 다음에 제자들을 위하여 기도하시는 내용이 나옵니다. 예수님께서는 자신이 죽게 될 것을 아시면서도 끝까지 낙심, 좌절, 슬픔에 젖어 있지 않으시고, 오히려 제자들을 위로하고 소망을 주시면서 격려하셨습니다.

이 시간에는 예수님의 기도내용에 대하여 생각해 보도록 합시다.

1. 오직 아버지를 영화롭게 할 수 있게 해 달라고 하셨다(17:1)

예수님께서는 죽으시면서까지도 '아버지를 영화롭게' 하셨는데, 성도는 이런 신앙을 배워야 합니다. 고린도전서 10장 31절 말씀에 보면, "그런즉 너희가 먹든지 마시든지 무엇을 하든지 다 하나님의 영광을 위하여 하라" 고 말씀하십니다. 지금까지 살아온 나의 삶은 어떠했습니까? 내 유익만 추구하지 않았습니까? 아니면 하나님의 영광을 위해 살았습니까? 그렇지 않은 게 있다면, 이 시간에 하나님 앞에 반성하는 시간이 되어야 합니다. 그리고 신앙의 중심을 새롭게 하여 내 중심이 아닌 하나님 중심으로 살아야 할 것이며, 슬플 때에나 기쁠 때에나 어떤 상황 속에서도 하나님께 영광을 돌리는 삶으로 변화되어야 합니다. 이렇게 할 때, 나의 영광도 따르게 되는 것입니다.

다음을 읽고, 스데반 집사는 주를 위해 순교하면서까지도 하나님께 어떻게 영광 돌렸는지 살펴봅시다.

☞ 사도행전 7장 55, 59~60절을 읽으세요(P.199~210).

2. 하나님과 예수님이 하나 된 것 같이 저희도 하나 되게 해 달라고 하셨다

마귀라는 뜻은 헬라어로 '디아블로스' 라는 의미로 '가른다', '쪼갠다' 는 뜻을 가지고 있습니다. 이와 반대로, 성령님은 하나 되게 하시는 분이십니다. 그러므로 우리가 기억할 것은 이유를 불문하고 가정, 교회, 직장, 성도 간에 있어서 가르고, 쪼개며, 이간하는 것은 마귀역사이고, 하나 되게 하는 것, 모이게 하는 것, 합심하여 단합하는 것 등은 성령님의 역사라는 사실인데, 우리는 성령의 역사와 마귀의 역사를 이것으로 분별합니다.

나라가 잘 되고 부강하려면 위정자와 백성들이 하나가 되어야 하며, 가정이 잘 되고 화목하려면 온 식구가 하나가 되어야 합니다. 마찬가지로 교회가 부흥하고 하나님께 영광 돌리려면 모든 성도가 하나가 되어야 하는데, 만약에 "나 하나쯤이야!", 또는 "난 믿음도 없는데!", "난 직분도 없는데!" 라고 생각하며 뒤로 물러서는 것은 교회부흥을 저해하는 요소가 됩니다. 그러므로 성도는 신앙이 오래되었든지 아니 되었든지 간에 하나가 되어서 서로 도우며, 몸 된 교회를 통하여 하나님의 역사를 이룩하여야 합니다.

다음 말씀을 읽어 봅시다.

☞ 전도서 4장12절을 읽으세요(P.950). ________________

____

3. 악에 빠지지 않도록 보전해 달라고 기도했다(요 17:15)

예수님께서 왜 이런 기도를 하셨을까요?

① 이 세상은 죄악이 가득한 곳이기 때문입니다. 세상은 겉은 화려하지만 속은 더욱 타락했습니다. 그러므로 신자는 자칫하면 미혹되

기 쉽습니다.

② 이 세상은 질병으로 가득한 곳이기 때문입니다. 질병은 한 가지 질병이 정복되더라도 또 다른 질병이 생기는 법입니다. 우리의 모든 질병은 주님만이 해결하실 수 있습니다. 특별히 신자는 영적 질병에 걸리지 않도록 깨어 기도해야 합니다.

③ 성공보다 실패가 더 많은 곳이기 때문입니다. 성공에 이르는 데에는 10~20년 걸리지만, 성공이 실패할 때에는 아차 하는 순간에 안개처럼 사라집니다. 그러므로 하나님의 도우심이 반드시 필요합니다. 내 힘으로는 절대로 안 됩니다.

신자는 죄악에 빠지지 않도록 하기 위해서 하나님께 능력을 달라고 기도해야 합니다. 지금까지 쌓아온 공든 탑이 마귀의 유혹에 넘어가 한 순간에 물거품이 되지 않도록 말씀과 기도로 무장해야 합니다. 이렇게 할 때, 성령의 능력을 받아 모든 죄악의 유혹을 물리침으로써 내 삶을 성공적으로 이끌어 갈 수 있는 것입니다.

다음의 말씀을 읽고, 죄악에 빠지지 않도록 하기 위해서 기도할 때에 어떤 응답이 있는지 다같이 말해 봅시다.

☞ 시편 116편 3~6절을 읽으세요(P.887). ______________________

____

나눔의 시간

1. 오늘의 공부를 통해 느낀 점을 말해 봅시다.

2. 마귀의 이간 경험과 그 문제를 해결하여 승리한 경험을 이야기해 보고 은혜 받도록 합시다.

제47과

신자와 부활신앙

● 본문 : 막 16:9~13(P.85)
● 찬송 : 154(통139), 160(통150), 161(통159)

◇

할렐루야! 전도합시다!

예화

밀의 새싹

어떤 사람이 도시에 살다가 시골에 내려가서 농사를 짓게 되었습니다. 그는 난생 처음으로 밭에다가 밀을 심고 농사를 짓게 되었습니다. 놀랍게도 땅 속에 뿌려져서 썩어 없어질 것만 같던 밀이 싹이 터서 자라기 시작했고, 날마다 자라나기 시작했습니다. 농부는 신기하여 더욱 열심히 물을 길어다 주고, 거름도 풍성이 주어서 잘 자랄 수 있는 환경을 만들었습니다. 농부는 만족하여 하나님께 감사를 드렸으며, 풍성한 추수를 하게 되었습니다.

신자의 부활신앙은 매우 중요합니다. 육신은 죽어서 땅에 묻히지만, 영혼은 하나님 나라에 가게 되고, 나중에는 주님께서 재림하실 때에 죽은 자의 부활을 통해 영원한 천국의 백성이 됩니다. 기독교는 죽음의 문제를 해결한 유일한 종교요, 예수님께서 모든 죄인들의 죄와 사망의 권세를 이기시고 3일 만에 죽음에서 부활하신 것을 믿는 종교입니다.

그렇다면, 우리가 간직해야 할 부활신앙에 대해 알아봅시다.

1. 예수님의 십자가 죽음은 곧 나의 죽음이요, 예수님의 부활은 나의 부활이라는 신앙이다

자연계를 살펴보면, 부활은 반드시 죽음을 전제로 합니다. 씨앗의 죽음 후에는 새 싹이 돋고, 번데기의 죽음 후에는 나비가 생성됩니다. 밤(어두움)이 지나면 낮(빛)이 오며, 실패 후에는 성공의 기회가 주어집니다.

신자가 예수님의 부활신앙을 가지려면 예수님 안에서 내가 먼저 죽는 일이 선행되어야 하는데, 이것이 십자가를 지는 삶입니다. 성도가 십자가를 지는 삶을 자신의 것으로 삼을 때, 예수님의 부활의 축복이 임합니다. 예수님의 십자가를 내 가정에 모시면 내 가정에 부활의 축복이 임하는 것이요, 예수님을 내 사업장에 모시면 그곳에 부활의 축복이 임합니다. 뿐만 아니라 예수님을 내 심령에 모시면 심령에 부활의 축복이 임하게 되는 것입니다. 그러므로 십자가는 능력이며, 십자가의 능력은 우리 영육간의 모든 곳에 부활과 축복으로 나타납니다.

다음 말씀을 읽고, 십자가를 믿는 성도에게 어떤 축복이 오는지 생각해 봅시다.

☞ 고린도전서 1장 18절을 읽으세요(P.263~264). ________

____

2. 십자가의 부활은 예수 재림 때 이뤄진다는 신앙이다

예수님께서는 십자가에 못박혀 죽으셨을 뿐만 아니라, 3일 만에 부활하셨고, 40일 동안 자신의 부활을 증거하시다가 승천하셨습니다. 뿐만 아니라 예수님께서는 죄악된 세상을 심판하시기 위해 만왕의 왕이요, 재림의 주로 다시 오십니다. 예수 재림은 신자의 소망이요 희망인데, 예수 재림사건은 성도의 부활(죽은 자)과 성도의 휴거(산 자)를 가져다줍니다.

다음 말씀을 읽고, 예수님께서 재림하실 때의 모습이 어떠한지 다같이 살펴보도록 합시다.

☞ 데살로니가전서 4장 16~17절을 읽으세요(P.332). ____________

____

☞ 고린도전서 15장 51절을 읽으세요(P.284). ____________

____

3. 믿음과 심령에 부활신앙으로 충만해져야 한다

오늘 본문(11, 13, 14절)에 보면, 3년간이나 주님을 따르던 예수님의 제자들까지도 주님의 부활소식을 듣고 믿지 아니하였다고 하는 말이 3번을 반복해서 강조하며 나옵니다.

문제는 무엇입니까? 왜 믿음이 생기지 못했을까요? 예수님의 부활이 사실이 아니라서도 아니고, 부활에 대한 지식이 없어서도 아닙니다. 저들은 누차 예수님께서 부활하실 것이라는 사실을 들어 왔었습니다.

그렇다면, 저들의 진정한 문제는 무엇이었나요? 그것은 다름 아니라 저들에게는 심령의 부활이 없었다는 것입니다. 성도에게 있어서 심령의 부활이 이루어지면, 만물이 새롭게 보이며 부활이 믿어집니다.

그러므로 성도에게는 부활신앙으로 내 신앙을 충만케 함이 필요합니다. 이번 부활절을 재충전의 기회로 삼되, 특별히 내 심령에 부활의 역사가 일어나게 합시다.

다음 말씀을 읽고, 예수 부활의 신앙은 우리에게 어떤 축복을 가져다주는지 살펴봅시다.

☞ 고린도전서 15장 51~53절을 읽으세요(P.284). ______________

____

나눔의 시간

1. 오늘의 공부를 통해 느낀 점을 말해 봅시다.

2. 나는 삶 속에서 예수 부활의 신앙이 이루어져야 할 문제에 대해 이야기해 봅시다.

제48과

행복한 가정을 세우자

● 본문 : 시 128:1~4(P.897)
● 찬송 : 304(통404), 384(통434), 510(통276)

할렐루야! 전도합시다!

예화

노부부의 사랑

금슬이 좋기로 소문난 노부부가 있었습니다. 몹시 가난했던 시절에 그들의 식사는 늘 빵 한 조각을 나누어 먹는 것이었습니다. 그 모든 어려움을 사랑과 이해로 극복한 뒤에 안정된 생활을 하게 된 그들은, 결혼 40주년을 맞이하여 사람들과 자녀들의 축복을 받으며 금혼식을 가졌습니다. 손님들이 돌아간 뒤에 부부는 늦은 저녁을 먹기 위해서 간단하게 구운 빵 한 조각에 잼을 발라 먹기로 했습니다. 할아버지는 빵 한 조각을 구우면서 옛날에 가난한 시절을 생각했습니다. 그리고 빵의 제일 끝 부분을 잘라서 아내에게 주고 자기는 가운데를 먹었습니다. 그때에 할머니가 얼굴을 붉히면서 몹시 화를 내는 것이었습니다. 당황한 할아버지는 말했습니다. "와 화를 내시오?" "당신은 40여 년간을 빵을 먹을 때면 늘 빵 부스러기를 주네요. 그동안 참아왔지만, 오늘까지도 그러니 정말 섭섭했어요. 내 기분을 조금도 헤아릴 줄 모르시네요." 깜짝 놀란 할아버지는 멍한 듯이 말했습니다. "당신이 진작 이야기 해 주었다면 좋았을 텐데. 바삭바삭한 빵 끄트머리는 내가 가장 좋아하는 부분이라오."

가정의 행복은 어느 한 쪽의 생각에서만 출발하면 안 됩니다. 나보다는 가족 구원성 상대방의 입장에서 생각하고 배려하는 습관을 갖는 것이 행복의 출발선입니다.

그렇다면, 우리가 어떤 가정을 만들어 가야 할까요?

1. 여호와를 경외하는 가정이 되어야 한다

가정은 신앙교육의 중심처입니다. 많은 학자들은 유대인들이 민족적 긍지가 강하고 우수두뇌가 많은 이유는, 바로 가정교육 덕분이라고 했습니다. 그렇다면, 유대인들은 자녀들에게 무엇을 교육하고 있는가요? 유대인들에게 있어서 가정교육의 가장 핵심되는 중심은 여호와를 경외하는 신앙교육인데, 신앙의 선조들이 겪은 여러 가지 환난과 고통중에서 여호와 하나님을 경외함으로 받은 은혜와 축복을 이야기해 주면서 오늘날 나는 동일한 상황속에서 어떻게 하는 것이 좋을 것인가를 깨닫게 하는 교육을 합니다.

유대인들은 이렇게 어렸을 때부터 철저하게 신앙교육을 토대로 해서 뭉쳐진 나라이기 때문에, 비록 조그만 땅덩어리를 갖고 있는 국가이지만 주변의 여러 강대국들도 함부로 건드리지 못하는 강력한 국가공동체를 구축케 된 것입니다.

저들 가정의 신앙교육이 국가를 강하게 지탱해 주는 밑거름이 되었고, 더 나아가 세계를 이끌어가는 국가로 만들게 된 것입니다.

오늘날 하나님께서는, 이스라엘처럼 나의 가정이 하나님을 철저히 경외하며 우리의 자녀들이 여호와 하나님을 경외하기를 원하십니다. 이와 같이 할 때, 하나님께서는 우리의 가정을 화목과 사랑으로 이끌어가시며, 기쁨이 끊이지 않는 복된 가정으로 만들어 주시는 것입니다.

그러므로 나의 가정을 하나님을 철저하게 경외하며 살아가는 하나님제일주의 신앙을 소유한 가정이 되게 하십시오.

다음 말씀을 읽고, 고넬료 가정이 하나님을 경외할 때에 어떤 축복을 받았는지 이야기해 봅시다.

☞ 사도행전 10장 2~4절을 읽으세요(P.204).

2. 예수 그리스도를 중심한 가정이 되어야 한다

행복한 가정이 되는 가장 기초적이면서도 중요한 방법은 온 가족이 예수 그리스도를 중심으로 해서 사는 것입니다. 예수 그리스도 중심이란, 가정의 중심이 예수 그리스도이시라는 말입니다. 건축재료 중에 대들보와 기둥은 집을 세우는 데 중심재료가 됩니다. 그러나 만약에 대들보와 기둥이 없이 그냥 집을 짓는다면 어찌될 것입니까? 그 집은 금방 쓰러질 수밖에 없게 될 것입니다. 마찬가지로, 가정에 중심기둥이 없다면 그 가정은 쉽게 무너질 수밖에 없습니다. 그러므로 예수 그리스도를 내 가정의 중심이 되게 하십시오. 가정의 온 구성원들이 예수 그리스도를 중심으로 하나가 될 때, 그 가정은 행복한 가정이 될 것입니다.

다음을 각자 읽고, 예수 그리스도를 중심으로 산 나사로의 가정에 어떤 축복이 있었는지 살펴봅시다.

☞ 요한복음 11장 1~44절을 읽으세요(P.165~166). ____________

____

3. 서로의 단점을 장점으로 감싸주는 가정이 되어야 한다

하나님께서 이 땅에 가정이라는 제도를 세우심은, 나의 장점을 통해서 다른 가족의 단점을 지적하여 가르치고 충고하기 위해서가 아닙니다. 하나님의 결혼계획과 가정제도는 상대방의 약점을 나의 장점으로 보호하고 감싸서 서로 완전을 향해 나아가게 하려는 데 그 목적이 있습니다. 통계에 의하면, 배우자의 단점을 자꾸 지적하여 개선시키려고 할 때에는 오히려 그 단점이 개선되기는커녕 서로 간에 감정대립과 함께 좌절만 주었다고 합니다. 하지만 배우자의 단점을 나의 장점으로 감싸주면서 격려할 때에는 더욱 발전적이고 아름다운 가정, 행복한 가정이 되었다고 합니다.

다음 말씀을 읽고, 부부의 도의를 살펴봅시다.

☞ 에베소서 5장 21~27절을 읽으세요(P.315). ____________

____

나눔의 시간

1. 오늘 공부를 통해 느낀 점을 말해 봅시다.

2. 우리 가정에서 있었던 일로, 장점을 통해 부족한 점을 감싸 주었을 때에 얻은 경험을 나눠봅시다.

제49과

맥추절의 의미

● 본문 : 신 16:9~12(P.287~288)
● 찬송 : 384(통434), 496(통260), 435(통492)

◇

할렐루야! 전도합시다!

예화

하나님의 결산

어떤 농촌에서 농부는 주일에 밀을 추수하려고 했습니다. 평상시 노목사님의 설교에서 6일동안은 열심히 일하고 주일에는 온전히 주일성수를 하도록 하라고 하신 말씀을 따르지 않고, 주일날 밖에 시간이 없다고 고집을 부렸습니다. 그는 결국 주일에 수확을 했고, 마당에는 추수한 밀이 가득했습니다. 얼마후에 그 농부가 노 목사님을 만났습니다. "목사님, 주일날 추수를 했어도 우리에게 아무런 재앙도 없네요. 아무도 다친 사람이 없고, 자녀들도 이상이 없어요. 당신의 설교가 잘못되지 않았나요?" 그때 노목사님이 말했습니다. "하나님께서는 즉시 결과를 나타내지 않으십니다. 시간이 걸릴지 모르지만, 하나님의 말씀을 따라 사는 사람과 그렇지 않은 사람은 정반

> 대로 그 결과가 나타날 것입니다. 하나님의 심판대 앞에서 당신의 인생결산을 말씀하실 때, 어떻게 대답하시겠습니까?"

어떤 성도는 구약은 율법인데, 오늘날 우리가 구약의 맥추절을 지킬 이유가 무엇이냐고 질문을 합니다. 그러나 오늘날 우리가 맥추절을 구약절기라고 안 지킬 이유는 없습니다. 오히려 오늘날에는 구약적인 방법과 율법으로 지키는 것이 아니고, 예수 안에서 신령한 예배로 지켜야 합니다. 맥추절이 예수로 성취되었기 때문에, 예수로 말미암아 감사절기로 지키는 것이 중요합니다.

그러면 맥추절의 역사와 의의와 지키는 방법에 대해 알아보도록 합시다.

1. 맥추절의 역사적 의의

맥추절은 이스라엘 백성들이 가나안으로 들어가서 농사를 지어 처음 열매인 밀과 보리를 드림으로써 붙여진 이름으로서, 역사적으로 신약과 구약을 연결해 주는 중요한 의의가 있습니다. 또한 맥추감사절은 1년 중 중간시기에 있어 중간점검을 하는 의의도 있습니다.

유월절은 매년 초에 지키고, 추수절은 매년 말에 지키며, 맥추절은 매년 중간에 지킵니다. 성도는 맥추절을 지킬 때마다 하나님께 받은 은혜를 중간에 다시금 점검하여 하나님께 받은바 은혜에 감사하고 추수 때를 대비해야 합니다. 더 나아가서 인생이 하나님의 은혜로 살면서 그 받은바 은혜를 중간 점검하여, 항상 추수 때인 심판의 때를 대비하며 살아야 한다는 영적 의미도 맥추절에서 찾게 되는 것입니다.

다음 말씀은 맥추절에 대한 말씀입니다. 다같이 읽어 봅시다.

☞ 신명기 16장 15~17절을 읽으세요(P.288). ____________________

____

☞ 출애굽기 23장 16절을 읽으세요(P.118). ____________________

____

2. 맥추절을 지키는 방법

신명기 16장 10절에 보면 칠칠절이라는 말이 나오는데, 이는 곧 오순절을 의미하며 오순절은 다른 말로 성령 받은 날이요 교회가 탄생된 날이기도 합니다.

맥추절이 다른 모든 절기 중에서도 뜻깊은 이유가 바로 이런 데 있으니, 성령이 아니면 우리가 어떻게 거듭나 구원의 보증이 될 수 있었겠으며, 교회가 아니면 우리가 어떻게 천국까지 무사히 도착할 수 있었겠습니까?

그러므로 성도는 기쁜 마음, 즐거운 마음, 감사한 마음으로 맥추절을 지켜야 합니다.

다음 말씀을 읽고, 맥추절을 어떻게 지켜야 할지에 대해 살펴봅시다.

☞ 신명기 16장 9~10절을 읽으세요(P.287). ____________________

____

☞ 신명기 16장 16~17절을 읽으세요(P.288). ____________________

____

3. 맥추절을 지킴으로 나타나는 이적

성경은 맥추의 첫 곡식, 첫 열매를 하나님께 드렸을 때에 큰 기적들이 일어남을 가르치고 있는데, 그 대표적인 것이 엘리사가 기근의 때에 한 사람이 드린 맥추의 첫 곡식으로 베푼 이적입니다(왕하 4:42~44). 뿐만 아니라 예수께서는 잠자는 자들의 첫 열매가 되신 분이시기도 합니다(고전 15:20). 맥추의 첫 곡식, 첫 열매는 하나님께서 베푸시는 기적의 모형입니다. 그러므로 당신과 사업이 주님의 놀라운 기적의 현장이 되게 하려면, 첫 것은 하나님의 것인 줄로 여기고 첫 열매를 하나님께 드리기를 힘쓰는 가정이 되게 하십시오.

다음 말씀을 읽고, 이스라엘 백성들이 하나님께 첫 열매를 드릴 때에 어떤 축복을 받았는지 살펴봅시다.

☞ 역대하 31장 5~10절을 읽으세요(P.699). ______________________

____

☞ 잠언 3장 9~10절을 읽으세요(P.912). ______________________

____

나눔의 시간

1. 오늘 공부를 통해 느낀 점을 말해 봅시다.

2. 첫 열매(십일조 포함)를 통해 받은바 은혜가 있으면 간증해 봅시다.

제50과

가라지와 알곡 추수

● 본문 : 마 13:24~30(P.21~22)
● 찬송 : 496(통260), 591(통310), 570(통453)

◇

할렐루야! 전도합시다!

예화

진국 설렁탕

어떤 성도가 설렁탕 장사를 했습니다. 장사를 하면서 주신 은혜에 감사하면서 하니까 피곤한 줄 모르고 했습니다. 설렁탕에 들어가는 재료는 무엇이든지 최고급 재료만을 고집하여 끓여서 내놓았습니다. "무엇을 하든지 주께 하듯하라"(골3:23)는 말씀대로 살려고 했습니다. 하루는 뼈를 끓이는데, 하얀 국물 대신에 검으티틱한 국물이 나왔습니다. 깜짝 놀라서 뼈를 공급하는 사람에게서 알아보니까, 딴 집에 갈 것이 잘못 간 것 같다고 사과를 했습니다. 그러면서 이번만 커피 프림을 타라고 했습니다. 그러면 국물이 다시 뽀얀색으로 바뀔 것이라고 했습니다. 하지만 그 성도는 가게문을 닫고 "오늘은 재료가 나빠서 장사를 하지 않습니다"라고 붙여 놓았습니다. 신기하게도 그 이후로, 사람들이 이 집에서는 진국 설렁탕만을 판다면서 더욱 몰려들기 시작했습니다. 하나님께 드리는 최고의 선물은 하나님께서 주신 은혜에 대하여 감사하는 것입니다. 주님의 은혜를 아는 사람은 눈 앞의 이익을 좇지 않고, 심판 때요 인생의 추수 때를 기억하면서 살아갑니다.

본문에는, 농부가 밭에 씨앗을 뿌렸는데 악한 자가 가라지를 뿌리고 갔다고 했습니다. 여기에서 '밭'은 세상, 교회, 단체, 심령 등을 말하고, '씨 뿌리는 이'는 예수님을 비유하고 있으며, '가라지'는 악한 자의 아들들을, 그리고 '뿌린 자'는 마귀, '추수 때'는 세상 끝, '추수 꾼'은 천사들을 비유하고 있습니다.

그렇다면, 본문이 보여주는 몇 가지 교훈을 알아보기로 합시다.

1. 선과 악은 본래 빛과 어두움과 같이 공존할 수 없는 존재로 알고 있지만, 사실은 어디서나 서로 공존하고 있다는 것이다

어떤 신자는 교회를 나오지 않으면서 불평과 불만, 비난을 합니다. 그래서 왜 그러느냐고 물었더니, "믿으나 안 믿으나 똑같다"는 것입니다. 우리가 알아두어야 할 것은, 어느 단체이든간에 비록 교회라고 할지라도 그 속에 항상 가라지가 있다는 것입니다.

열 두 제자 중에도 가룟 유다가 있었고, 아브라함의 가정에도 이삭과 이스마엘이 함께 있었으며, 다윗의 경우도 한 때에는 죄악에 사로잡혀 있었던 것을 우리는 잘 알고 있습니다.

이것은 우리에게 중요한 것을 말해 주는데, 성도가 어떤 곳의 악을 보고 실족, 낙망할 것이 아니라 그보다는 오히려 내 속에도 있을 수 있는 그런 악을 어떻게 이길까 하는 교훈을 삼아야 하는 것입니다. 원수마귀는 지금도 우리 심령에 악의 씨인 가라지를 뿌리려고 합니다. 하지만 신자는 악을 선으로 이길 수 있는 비결을 터득해 가야 합니다.

다음 말씀을 읽고, 악을 선으로 이길 수 있는 비결이 무엇인지 서로 이야기해 봅시다.

☞ 로마서 12장 14~21절을 읽으세요(P.256-257). ______________________

____

2. 성도는 내 심령의 밭에 가라지가 뿌려지지 않도록 날마다 깨어 있어야 한다는 것이다

마귀는 가라지를 언제 뿌렸습니까? 다름 아닌 '밤' 이라는 시간에 뿌렸습니다. 이것은 신자가 영적 잠을 자고 있을 때, 마귀가 다가와서 가라지를 뿌린다는 교훈을 주는 것입니다. 영적 잠은 봉사해야 할 때 봉사하지 않고 게으름을 피우는 것을 말합니다. 전도하지 않거나 기도하지 않는 것도 의미합니다. 말씀을 열심히 읽으며 살던 신앙적 모습이 사라지고 세상에 재미를 더 두고 교회를 멀리하려고 할 때, 마귀는 가라지가 나오도록 씨를 뿌립니다.

그러므로 성도는 내 심령의 밭에 가라지가 뿌려지지 않도록 말씀과 기도로 깨어 있어야 할 것이며 봉사, 충성, 헌신으로 깨어 있어야 하고 전도와 사랑, 화목, 온유로 깨어 있어야 합니다. 이런 성도는 마귀가 틈타지 못하며, 가라지를 뿌릴 곳이 없게 됩니다. 그러므로 알곡인 기쁨만이 넘치게 될 것입니다.

☞ 누가복음 21장 36절을 읽으세요(P.133).

☞ 베드로전서 5장 8절을 읽으세요(P.382).

☞ 디모데후서 2장 25절을 읽으세요(P.345).

3. 믿음의 성도는 추수를 대비하는 삶을 살아야 한다

가라지의 특징을 알아보면(마귀의 특성),

① 위장성입니다. 눈에 잘 분별이 안 됩니다. 곡식과 가라지가 거의 그 모습이 비슷한데, 특히 초창기에는 더욱 그렇습니다. 그러나 시간이 지남에 따라 그 모습이 확연히 드러나는데, 이는 마귀가 천사의 모습으로 위장한다는 것을 보여줍니다.

② 잠복성입니다. 평소에 잠복해 있다가 싹이 성장하면 그 모습을 드러냅니다. 마귀의 활동도 평소에는 잠복해 있다가 결정적인 순간에 해를 끼침을 보여줍니다.

③ 해독성입니다. 곡식의 영양분을 야금야금 다 빨아먹어서 성장에 해를 끼치게 합니다. 결국 알곡이 되지 못하도록 합니다.

그러므로 신자는 이런 가라지(마귀)의 특성을 알고 마귀의 위장술에 넘어가지 말아야 합니다. 나의 영적 자양분을 빼앗아가는 일이 없도록 해야 합니다.

특별히 추수감사절을 맞이하여 성도는 영적 열매를 많이 거두어 하나님께 감사제를 드릴 수 있도록 기도해야 합니다. 1년 동안 나의 가정과 사업과 직장과 교회와 나라가 가라지가 되지 않고 알곡이 되도록 해 주심에 감사하며, 영적 추수기인 심판의 때에 알곡 성도가 되기 위해 힘쓰는 신앙을 갖도록 해야겠습니다.

다음 말씀을 읽고, 눈물로 씨를 뿌릴 때에 어떤 축복의 열매가 있는지 살펴보도록 합시다.

☞ 시편 126편 5~6절을 읽으세요(P.897). ______________________

____

나눔의 시간

1. 오늘 공부를 통해 느낀 점을 말해 봅시다.

2. 우리의 신앙을 해치는 마귀의 위장을 경험한 바 있으면 말해 봅시다.

제51과

만왕의 왕을 경배하라

●본문 : 마2:1~12(P.2)
●찬송 : 115(통115), 123(통123), 122(통122)

◆

할렐루야! 전도합시다!

예화

미전도 종족 선교

지구상에는 아직도 미전도 종족들이 많이 살고 있습니다. 평생 성경을 한번도 접해보지 못한 사람들이 아직도 있으며, 심지어는 말은 있지만 그들의 말을 글자로 표현할 수 있는 글이 없어서 문맹의 상태로 살아가는 종족들도 있습니다. 위클리프성경번역선교회(Wycliffe Bible Translation)에서는 성경이 번역되지 않은 종족의 언어로 성경을 번역하는 사역을 하고 있습니다. 때로는 글자가 없는 종족에게는 글자를 만들어서 그들의 언어로 성경을 번역하기도 합니다. 지난번 어떤 한국의 신실한 두 명의 헌신자는 성탄절임에도 불구하고 필리핀의 성경번역선교회에서 훈련을 마치고 미전도 종족을 위해서 선교여행을 떠나기도 했습니다. 선교는 선택과목이 아니라 필수과목이라는 말도 있습니다. 신자가 주님의 은혜로 구원받았으니, 그 은혜가 다른 사람에게 계속해서 전해져야 합니다. 그것이 예수님께서 이 땅에 오신 이유입니다.

성탄절은 하늘의 모든 영광을 버리고, 이 땅에 있는 수많은 죄인들의 영혼을 구하기 위해 오신 우리 구주 예수님의 탄생하심을 기념하는 날입니다. 우리가 알아두어야 할 것은 우리를 위해서 그리스도가 탄생하셨다는 그 사실입니다.

그렇다면, 예수 그리스도의 탄생의 중요성과 우리의 구세주요 만왕의 왕이신 주님께 어떻게 해야 할것인가와 동방박사들이 드린 황금, 유향, 몰약이라는 기독교 신앙의 세 가지 보배에 대해서 알아봄으로써 은혜의 시간이 되고자 합니다.

1. 예수 그리스도 탄생의 중요성

① 예수님께서는 하나님의 독생자이십니다.

그렇기 때문에 우리의 모든 죄를 해결할 수 있는 유일한 분이십니다. 이 세상에 있는 어떤 누구도 죄를 해결할 수 없습니다. 오직 예수님만이 죄를 해결하실 수 있습니다.

② 예수님께서는 생명의 왕이십니다(행 3:15).

사람들은 생명의 길이 무엇인지 몰라 방황해 왔습니다. 그런고로 이상한 종교들이 많이 생겨났지만, 다 실패했습니다. 왜냐하면 인간의 노력으로는 자기 구원에 한계가 있는 것이기 때문입니다. 그런데 유일하게 예수님께서는 죽음의 모든 권세를 물리치고 부활하시면서 생명의 길을 제시하신 것입니다.

③ 예수님께서는 의와 평강의 왕이십니다(히 7:1~13).

예수 그리스도께서는 우리에게 의를 실현하시고 평강을 주시는 분입니다. 그러므로 예수님 안에 있을 때에 참된 의와 평강이 있는 것이지, 예수님 밖에서는 없습니다.

다음 말씀을 읽고, 구원의 길에 대하여 살펴봅시다.

☞ 사도행전 4장 12절을 읽으세요(P.192). ______________________

____

☞ 요한복음 14장 6절을 읽으세요(P.172). ______________________

____

2. 성도는 우리의 구세주요, 만왕의 왕이신 주님께 어떻게 해야 할까?

여기에 대해서는, 오늘 본문 말씀의 동방박사들을 통하여 알아봅시다.

첫째, 그들은 경배를 드렸습니다(마 2:2).

성도는 세상의 헛된 신을 멀리해야 하는데, 왜냐하면 그것은 우상이기 때문이며 우상숭배는 하나님이 가장 미워하시는 것이기 때문입니다. 생각해 보십시오. 말 못하는 신이 어찌 우리를 축복할 수가 있습니까? 성도는 오직 하나님께만 경배를 드려야 합니다. 그분만이 우리를 축복하실 수 있는 유일한 분이십니다.

둘째, 동방박사들은 어떻게 주님을 경배했나요? 황금, 유향, 몰약을 예물로 드려 경배했습니다(마 2:10~11).

예수님이 만왕의 왕이시고 구세주이신 것을 확실히 믿는 신자라면, 우리의 가장 귀한 것을 주님께 감사함으로 드릴 줄 알아야 합니다. 나의 모든 죄악을 용서하고 구원하시기 위해 이 땅에 태어나신 예수님을 진정으로 축하하고 감사한다면, 주님께 정성어린 우리의 신앙의 표현을 보여 줄 수 있어야 합니다.

다음 말씀을 읽고, 주님을 너무나 사랑한 마리아는 주님께 무엇을 드렸으며, 어떻게 사랑의 표현을 했는지 알아봅시다.

☞ 요한복음 12장 3절을 읽으세요(P.167). ______________________

____

3. 동방박사들이 드린 황금, 유향, 몰약은 기독교신앙의 세 가지 보배를 우리에게 보여준다

① 황금은 믿음을 의미합니다.

동방박사들이 드린 황금은 그들이 믿음을 드렸음을 의미하는 것입니다. 하나님께서는 우리가 황금 같은 믿음을 드리는 것을 제일 기뻐하십니다. 그러므로 당신의 신앙에 있어서 어떤 환경이 닥쳐온다고 할지라도 영원토록 변함없는 황금 같은 믿음을 드리기를 힘쓰는 신앙을 소유하십시오.

② 유향은 성도의 행실을 의미합니다.

성도가 자신의 행실을 통하여 세상의 빛과 소금이 되며 복음의 향기를 널리 퍼져나가게 할 때에 하나님께서는 기뻐하실 것이니까, 자신의 행실을 통하여 주님께 복음으로 영광을 돌려야 합니다.

③ 몰약은 희생을 의미합니다.

오늘날은 이기주의가 팽배해 있는 시대입니다. 그러나 성도가 자기희생을 통해 베푸는 자세가 될 때, 전도의 역사는 나타납니다.

☞ 고린도후서 2장 14~16절을 읽으세요(P.288).

나눔의 시간

1. 오늘 공부를 통해 느낀 점을 말해 봅시다.

2. 성탄절을 맞아, 우리 구역에서 그리스도의 향기를 어떻게 나타낼 것인지 의논해 봅시다.

제52과

여기까지 도우셨다

● 본문 : 삼상 7:3~12(P.417~418)
● 찬송 : 428(통488), 488(통539), 430(통456)

◆

할렐루야! 전도합시다!

예화

개그맨 이혁재

재치있는 말솜씨와 몸짓으로 인기를 누리고 있는 개그맨이 있습니다. 그의 부모님은 한번도 그에게 교회에 다니라는 말을 하지 않았습니다. 그렇지만 언젠가 "너는 반드시 교회로 올 것이라" 고 했고, 매일 새벽마다 교회에 나가서 아들을 위해서 기도했습니다. 대학졸업 후 외환위기가 터졌고, 노력해도 안 되는 막막한 시대가 있었습니다. 그때 너무나도 답답한 그는, 부모님이 다니시는 인천내리감리교회의 1997년 송구영신예배에 참석을 했고, 그때에 큰 은혜를 받아 믿음을 결심했습니다.

1999년 MBC 개그맨 10기 공채로 첫발을 내디딘 그는 현재 KBS와 SBS의 인기오락프로그램을 통해 활동하는데, 2004년에는

KBS에서 연예대상까지 거머쥐었습니다. 어떤 사람이 그의 인기비결을 물었을 때, 그는 이렇게 대답했습니다. "그것은 하나님의 은혜이고 축복입니다." 송구영신예배에서 만난 예수님을 마음에 간직하여 주일에는 영성을 재충전하는 데 전력하며 봉사활동을 하고 있는 그는 세상의 피스메이커가 되는 것이 소망입니다.

오늘 본문에는, 가나안에 입성하여 신정국가를 세우려는 이스라엘 백성에게 최후의 어려움이 찾아온 것을 보여줍니다. 즉, 블레셋 군대가 쳐들어온 것입니다. 그러므로 이스라엘은 위협과 방해를 받았습니다. 이때에 이스라엘 백성들은 어떻게 해서 그들을 물리치고 하나님의 도우심을 입었는지 생각해 봅시다.

신자가 믿음을 굳건히 세우려 한다거나 하나님께 영광을 돌리며 살아가려고 할 때, 이것을 방해하는 블레셋이 있습니다.

이런 문제를 어떻게 해결할 것입니까?

1. 그들은 먼저 바알 신과 아스다롯 신을 제하였다(4절)

아스다롯은 가나안 지방의 농경여신이며, 남성신인 바알의 여성신입니다(호 2:13). 그 당시 이 아스다롯 신은 가나안 경내에 서 가장 사랑받는 우상이었으며 많은 사람들이 거기에 미혹되어 있었습니다. 그렇다면 아스다롯은 영적으로 무엇을 의미합니까? 내가 온전히 믿음을 세우려 할 때에 내 믿음을 방해, 위협하는 것이 바로 이것입니다. 때때로 하나님보다 더 내가 매혹되어 있는 것은 없습니까? 아스다롯은 당장은 아름다워 보여 좇아가지만, 그것이 나를 돕지는 못합니다.

지난 한 해 동안 이런 것 때문에 방해받는 것이 있어 믿음생활을 등한히 하지 않았습니까? 이제는 이런 것들을 청산하고, 새해부터는 주님만 붙들고 새 출발해 봅시다.

다음을 읽고, 말씀의 의미를 생각해 봅시다.

☞ 신명기 4장 28~29절을 읽으세요(P.267). ______________________

____

2. 그들은 미스바 광장으로 모여들었다(5절)

하나님의 도우심을 받으려면 흩어져서는 안 되며, 오히려 모이기를 힘써야 합니다. 하나님께서는 주의 이름으로 모일 때, 돕는 손길로 역사하십니다. 그러므로 마귀는 우리가 하나님의 도우심을 받지 못하게 하려고, 모이지 못하게 온갖 구실을 다 동원합니다. 특히 말세가 되면 될수록 더욱 심합니다. 그러므로 성도는 이것을 해결해야 합니다. 이스라엘 백성들은 모여서 무엇을 했습니까? 금식하며 회개운동을 하였습니다(6절). 그리하여 영적 각성운동을 벌였던 것입니다.

신자는 영이 무뎌지면 하나님을 알아보지 못합니다. 그런고로, 하나님보다 세상 것에 더 매력을 느끼고 유혹받기 쉽습니다. 그러므로 하나님의 도우심을 입으려면 영적 각성운동을 통하여 스스로 영혼을 일깨우는 노력이 필요합니다.

다음 말씀을 읽고, 우리의 영적 각성을 위해서 서로가 어떻게 해야 하는지 살펴봅시다.

☞ 히브리서 10장 23~25절을 읽으세요(P.364). ______________________

____

3. 그들은 사무엘 선지자를 중심으로 해서 하나님께 부르짖어 기도하였다(8~9절)

말 못하는 어린 아이는 위기가 오면 표현을 못해 울음으로 그 표현을 대신합니다. 어린 아이는 위기상황이 닥쳤을 때, 그 부모에게 자기의 문제를 큰 소리로 울음으로써 그 위기상황을 전달합니다. 그 때 어머니는 그 울음소리를 듣고 황급히 달려올 것이고, 하던 일을 중단하고 와서 문제를 해결해 줍니다. 성도는 내게 문제가 생겨서 하나님의 도우심이 필요할 때, 이같이 해야 합니다. 부르짖어, 쉬지 말고 기도하면 반드시 응답이 오고 도우심이 옵니다. 이스라엘 백성이 하나님의 도우심을 입은 때를 보면, 공통적으로 하나님께 부르짖어 울며 기도했을 때입니다.

지난 한 해 동안 어떠했습니까? 얼마만큼이나 이같이 했습니까? 행여나 기도하지 못하여 응답받지 못하는 안타까움은 없었는지 반성해 봅시다. 새해부터는 사무엘과 그 백성의 모습이 우리 모습이 되게 합시다.

다음 말씀을 읽고, 하나님께 부르짖어 기도할 때에 어떤 은혜가 임했는지 살펴봅시다.

☞ 요한복음 16장 24절을 읽으세요(P.176). ____________________

____

☞ 예레미야 33장 3절을 읽으세요(P.1106). ____________________

____

나눔의 시간

1. 오늘 공부를 통해 느낀 점을 말해 봅시다.

2. 최근에 기도하여 받은바 응답과 은혜가 있으면 간증해 봅시다.

NEW
아름다운 구역

발행일 2007년 11월 15일
수정 7쇄 2017년 01월 06일

지은이 신정석
펴낸이 장사경

펴낸곳 도서출판 예수사랑 (Grace 은혜출판사)

주소 서울특별시 종로구 종로 65길 12-10
전화 (02) 744-4029 팩스 744-6578
출판등록 제 1-618호(1988. 1. 7)

ISBN 978-89-7917-818-0 03230